L'ORIENT

IMPRIMERIE JULES CLAVE ET Cie — Rue Saint-Benoît, 7

L'ARMÉNIE.

Nous avions dit adieu à Stamboul. Par une jolie matinée brillante et pure, sur une mer douce et transparente, notre navire glissait entre les rives rapprochées d'Europe et d'Asie; les palais d'été des sultans, les charmants villages cachés sous les arbres au bord de l'eau, fuyaient derrière nous avec une rapidité désolante qui excitait nos regrets en même temps que notre curiosité.

De ces deux rivages du Bosphore dont les splendides panoramas se développaient à nos yeux ravis, celui qui attirait surtout notre attention, c'était le rivage asiatique. N'était-ce pas la terre d'Asie que nous allions fouler la première et pour longtemps? ce vaste continent ne recélait-il pas des mystères qui nous étaient encore inconnus, ne devait-il pas, nous l'espérions du moins, nous livrer les secrets d'un art à peine soupçonné?

Le dernier promontoire du Bosphore nous avait caché les derniers minarets, et les batteries blanches à fleur d'eau qui en défendaient l'entrée avaient disparu dans les embruns de la mer. Nous étions sortis de ce majestueux fleuve turc, et nous entrions dans cette mer autrefois russe, à laquelle la prise de Malakoff a rendu la liberté; derrière nous les côtes d'Asie et d'Europe s'abaissaient et s'effaçaient; peu à peu devant, quelques voiles cherchaient le vent pour se diriger dans le courant favorable qui devait les amener à Constantinople; à l'horizon, sous un ciel sombre, une bande noire était incessamment et capricieusement hérissée de pointes blanches. — Pour les marins du bord c'était un mauvais signe. — Cependant sur nos têtes le ciel était encore bleu, et aux flancs du navire la mer semblait encore calme. Tout à coup le vent s'éleva, les vagues grossirent; le soleil avait disparu, et de gros nuages d'où sortaient des rafales obscurcissaient le ciel; bientôt le vent redoubla de violence, et les flots en se soulevant inégalement creusaient de profonds abîmes. Le temps était affreux, et, de mémoire de marin, jamais un changement aussi brusque ne s'était vu : c'était bien la mer Noire, la mer inhospitalière des Romains, et nous devions éprouver, en effet, combien elle l'était. Pendant deux jours nous fûmes ballottés par l'ouragan; la route était impossible à tenir. Nous avions dévié de la ligne que nous devions suivre pour aller à Trébizonde, et pour comble de malheur une voie d'eau s'était déclarée; examinée, elle fut trouvée trop grave pour permettre de tenir tête au temps, et il fut décidé qu'on relâcherait dans le port dont on était le plus voisin.

Ce fut dans la rade de Sinope que nous allâmes chercher un refuge et réparer nos avaries. — Nous eussions passé devant ces rivages sans y aborder, si n'eût été la tempête qui nous y avait poussés. — Grâce à elle nous allions visiter la patrie de Diogène; ce nom seul stimulait le désir de voir, et dès qu'il fut possible de mettre un canot à la mer rien ne put nous retenir à bord.

Sinope est une petite ville de l'Anatolie (pl. i, ii, iii, iv); elle fut jadis une des cités importantes de la Paphlagonie, et devint la capitale des rois de Pont. — On peut, au reste, juger du rôle qu'elle a joué par les ruines qui s'y trouvent, et son antiquité n'est pas d'ailleurs son seul titre à l'intérêt du voyageur. — Ses murailles, assez bien conservées, sont en plusieurs endroits revêtues d'inscriptions latines et de bas-reliefs; on y voit des fragments d'architecture d'origine grecque ou romaine, incrustés çà et là, mais sans ordre. A une époque barbare on s'en est servi pour consolider cette enceinte; le port, bien fermé et sûr, est assez vaste. On se rappelle le triste sort réservé à l'escadre turque qui s'y était réfugiée en 1853, et que la flotte russe, sortie de Sébastopol, vint y foudroyer à son aise, sans qu'un seul canon pût de la terre protéger les vaisseaux ottomans retenus sur leurs ancres : événement sans gloire d'une guerre injuste qui a rendu pour quelque temps une sorte de célébrité funèbre à Sinope.

Notre voie d'eau était aveuglée, comme disent les marins dans leur langage pittoresque, et nous reprîmes notre route avec une mer toujours fort grosse. — Après une traversée que la houle avait rendue fort pénible, nous arrivâmes en vue de Trébizonde; les vagues étaient toujours monstrueuses, et nous ne débarquâmes qu'avec les plus grandes

difficultés ; encore fallut-il recourir aux bateliers du pays qui seuls connaissaient la manœuvre à employer pour franchir les récifs dangereux qui bordent le rivage.

Trébizonde, autrefois seconde capitale du royaume de Pont, ne laisse pas, aujourd'hui encore, d'avoir une importance. Le trapèze duquel elle tire son nom, et qui servit de plan pour son enceinte, se retrouve tracé par les restes de vieilles murailles d'une grande épaisseur, envahies par les lierres dont les mille bras vigoureux semblent les soutenir ; leurs créneaux seuls s'aperçoivent (pl. v). Au bord de la mer un ancien château-fort lutte contre les efforts du flot qui, lors des grandes marées, est lancé par la tempête comme un bélier irrésistible, et lui arrache à chaque fois quelques-unes de ses assises qui roulent sur la grève ; des pans de murs entiers ruinés ainsi par la fureur des vagues se sont effondrés, et leurs masses méconnaissables submergées ressemblent aujourd'hui à d'énormes rochers.

Il est difficile à Trébizonde de ne pas penser aux Comnènes et à leur puissance ; mais où retrouver leurs traces ? — Il y a bien sur une montagne voisine de la ville les restes, dit-on, d'un palais de plaisance qui fut construit par une impératrice de Byzance ; mais son nom est perdu, et rien ne donne créance à cette tradition. Aujourd'hui quelques misérables nonnes grecques peuplent cette résidence royale (pl. vii). Ce monastère a d'ailleurs quelque chose à offrir à la curiosité du voyageur qui ne redoute pas le chemin pierreux qu'il doit gravir pour y arriver : c'est une chapelle souterraine, ouverte dans le roc vif et ornée de peintures exécutées sur la pierre elle-même. — Ces tableaux d'un style et d'une facture tant soit peu barbares ont du moins le cachet de l'art byzantin ; et, à les voir, on peut assigner une date à leur exécution ; elles remontent évidemment jusqu'aux premiers temps de l'art byzantin (pl. viii).

Plusieurs lampes suspendues à la voûte, des cercles en fer portant des quantités de petits cierges aux jours de fête, des centaines de petits flambeaux attachés aux parois, d'énormes chandeliers posés à terre, complètent avec une chaire le mobilier de ce sanctuaire. L'intérieur de cette chapelle est sombre, et l'obscurité, qui rend les objets à peine visibles, lui prête quelque chose de mystérieux qui ne laisse pas d'impressionner. L'étrangeté de sa décoration, toutes ces figures de saints, ces têtes amaigries, ces faces allongées, selon le style byzantin, tous ces yeux fixes dont les prunelles noires se détachent durement sur un orbite blanc démesurément grand, cet ensemble bizarre et quelque peu sauvage n'est pas sans produire une sorte de saisissement sur celui qui pénètre pour la première fois dans cette chapelle. Elle a un cachet primitif, une saveur d'originalité barbare qui donnent l'idée de ce que durent être ces lieux saints des premiers chrétiens ; elle fait penser aux catacombes de Rome, dont les murs aussi étaient couverts de peintures mystiques. Cette grotte ne doit pas d'ailleurs à ces saintes images toute la dévotion qui y attire les fidèles ; la vénération dans laquelle les habitants chrétiens la tiennent remonte vraisemblablement à une époque antérieure au christianisme. En effet, dans le fond le plus obscur de cette crypte, on entend suinter et tomber goutte à goutte une eau qui s'écoule à travers le rocher. Cette eau jouit d'une renommée très-populaire qui lui attribue des vertus toutes spécifiques contre certaines maladies. Si l'on pouvait remonter les âges, on trouverait sans doute que la confiance dans cette source est une tradition venue de l'antiquité, et que la religion chrétienne a placé un autel à côté d'elle pour la sanctifier, et rappeler aux malades que si la confiance dans la qualité de cette eau est en eux, ils ne doivent pas oublier la foi qu'ils doivent avoir aussi dans la puissance de Dieu pour les guérir.

Trébizonde est une ville très-commerçante ; elle sert d'entrepôt pour toutes les marchandises qui viennent de l'Arménie et du nord de la Perse, à destination de l'Europe. De même celles qu'on y débarque, venant de Constantinople pour l'intérieur de l'Asie, y sont chargées sur les mulets ou les chameaux des nombreuses caravanes qui les y attendent ; aussi est-ce un métier fort recommandable et lucratif que celui de muletier entre Trébizonde et la Perse. Cette ville a une physionomie déjà tout asiatique, on y coudoie des gens de toutes nations, et l'on y voit des costumes de tous les pays d'Orient : grecs, circassiens, géorgiens, arméniens, kurdes, persans, syriens et même arabes.

Après quelques jours consacrés à cette ville, qui était pour nous la porte de l'Asie dans laquelle nous allions pénétrer, il fallut penser au départ. Nous avions éprouvé une grande satisfaction en touchant terre à la suite d'une navigation pénible et qui s'était compliquée de véritables périls. Mais il était aisé de prévoir qu'aux tempêtes de la mer Noire allaient succéder pour nous des périls et des fatigues non moins redoutables dans les solitudes glacées qui s'étendent entre le pachalik de Trébizonde et la frontière persane. Nous mimes le pied à l'étrier, ravis de penser que nous allions marcher à la découverte de pays inconnus. Cependant cette espérance joyeuse ne nous empêcha pas de nous retourner plus d'une fois et de regarder au loin, du haut de la montagne que nous gravissions, cette mer qui nous avait bien maltraités, mais dont nous ne pouvions nous séparer sans regret. Les mâts noircis de notre vapeur se dessinaient dans la brume ; c'était pour nous comme un petit coin de l'Europe et de la France que nous apercevions une dernière fois et auquel nous disions adieu pour longtemps.

Nous avions gravi un chemin coupé de rochers glissants sur lesquels nos chevaux tenaient avec peine ; au delà de cet âpre sentier, nous débouchâmes dans un pays ouvert planté de genêts et de bruyères. Sans la pluie fine et serrée qui tombait, cette première journée de marche aurait été assez agréable. Le paysage était pittoresque ; devant nous une route étroite serpentait à mi-côte d'une montagne couverte de grands arbres qui avaient conservé leur feuillage. A droite, au fond d'un ravin coulait une petite rivière qui se heurtait à toutes les roches qui hérissaient son lit, et bondissait de l'une à l'autre en mêlant le fracas de ses eaux au bruit sonore des sabots de nos montures; de grands rochers à pic, d'un aspect sévère, couronnés de sapins, bornaient notre horizon. La température n'était pas trop rude encore, mais elle devait s'abaisser à mesure que nous nous rapprocherions des montagnes couvertes de neige vers lesquelles nous nous acheminions.

Après avoir traversé quelques hameaux de pauvre apparence, nous arrivâmes vers la fin du jour à Djévizlik : c'est un village placé sur le bord de la petite rivière que nous avions côtoyée, et que nous traversâmes là sur un pont d'une seule arche fort élevée, et dont la chaussée présentait deux pentes fort roides (pl. XI, XII). Les haltes des muletiers sont fixées d'avance; celle-ci était la première; les muletiers s'arrêtent là où leurs bêtes doivent avoir rempli leur tâche et où ils savent trouver leur pitance. Ils ne s'inquiètent pas du logement de ceux qu'ils conduisent. A Djévizlik des écuries nous servirent de chambre; pour un début c'était un peu dur, mais qu'y faire? et d'ailleurs ne fallait-il pas en prendre de suite l'habitude? car nous ne devions pas compter sur des gîtes plus confortables.

Il ne faisait pas jour le lendemain que déjà les muletiers chargeaient les bagages sur leurs mules. Le mauvais temps continuait, et le froid avait beaucoup augmenté. Dès les premiers pas, nous nous trouvâmes au milieu de sites très-agrestes, sauvages même, mais très-beaux. Le chemin, dominé par des pics élevés, traversait des bois de mélèzes et de sapins, coupés par de nombreux ruisseaux qui se donnaient des airs de torrents, et dont la gelée n'avait pas encore immobilisé les cascades. Nous avancions en montant toujours; au fur et à mesure que nous nous élevions la pluie devenait plus froide, blanchissait et se solidifiait; ce fut bientôt de la neige. Nous couchâmes à Yerkenprù, misérable hameau de quelques maisons dont la moitié sont des écuries destinées aux muletiers. Nous nous y logeâmes comme nous pûmes. Pour ma part, je m'accommodai d'une pauvre chaumière que son propriétaire voulait me vendre; il l'évaluait lui-même à 12 francs. Je laisse à penser ce qu'elle était (pl. XIII).

Auprès du village de Yerkenprù est une source d'eaux ferrugineuses dont la température ne dépasse pas 13 à 14° centigrades. Au premier aspect nous crûmes que l'intensité du froid qui se faisait déjà sentir les avait glacées à leur sortie. Les divers orifices de ces sources étaient entourés de véritables monticules de dépôts blanchâtres ressemblant à des glaçons. C'était le résultat d'un phénomène dû à la nature même des eaux. Composées de parties calcaires, d'oxyde de fer et d'acide carbonique, il s'opérait, au moment de l'épanchement du liquide souterrain, une déposition de ce gaz, et, par suite, une précipitation de la matière solide calcaire. Les dépôts de chaux, çà et là colorés par l'oxyde de fer, s'amoncelant sans cesse, ont formé une sorte de mamelon qui n'avait pas moins de 6 mètres d'élévation au-dessus du sol. A la première lueur du jour naissant, nous sortîmes de Yerkenprù. Il fallut gravir à pied, et avec la plus grande peine, un sentier dont le verglas rendait la pente encore plus difficile. Les premières heures de notre marche nous offrirent des sites remarquablement beaux. Nous traversions une forêt séculaire de mélèzes, de sapins et d'érables. La neige pendait à leurs branchages, avec des lianes et des franges vertes d'une espèce de mousse légère et longue. Des rochers d'un noir roux ajoutaient leur sévérité à celle de la sombre verdure des arbres. La forêt s'étendait le long d'un ravin profond qui ouvrait une route rapide aux eaux d'un torrent dont le fracas était parfois assourdissant; de temps à autre un pont élevé traversait le ravin dont nous suivions alternativement les deux pentes.

Depuis quelques heures nous montions sans cesse, quand nous débouchâmes, de la lisière du bois, dans une région où la nature changeait tout à coup d'aspect. Dépourvue de végétation, elle était de toutes parts couverte d'une neige épaisse; un silence profond attestait l'absence de tout être vivant; tout était muet autour de nous, jusqu'au cours d'un petit ruisseau que la glace avait arrêté. Le froid était excessif; le thermomètre marquait 15°. Nous étions sur le mont Zingâna, l'un des pics les plus élevés de la chaîne de montagnes que nous avions à traverser. Le vent soufflait avec furie et soulevait des tourbillons blanchâtres qui arrivaient glacés sur nous. Au milieu de cette neige de cinq à six pieds de profondeur, aucun chemin n'était tracé; des ours seuls et des loups que nous aperçûmes au loin y avaient empreint leurs pas. La caravane, en s'y enfonçant, y forma, au bord du précipice, un sentier mouvant, qui se dérobait souvent sous les pieds des chevaux, obligés de marcher l'un derrière l'autre. Elle formait ainsi un long ruban noir qui serpentait sur ces crêtes que les rayons du soleil rendaient éblouissantes A chaque instant des mulets roulaient avec leur fardeau dans le ravin que nous n'avions cessé de suivre. Les muletiers étaient obligés de s'y laisser rouler à leur suite pour remonter avec les plus grandes difficultés leurs animaux ainsi que leurs charges. Ils remettaient le tout sur les bâts pour recommencer vingt pas plus loin.

A peu près vers le milieu de ce désert de neige, nous rencontrâmes, postés dans une masure, quelques soldats turcs qui se présentèrent comme préposés à la sûreté des voyageurs dans ce passage. Il fallut bien leur donner le *bakchich* ou cadeau, qui était probablement le plus clair de leur solde.

Après bien des peines et des accidents, nous atteignîmes le sommet des monts Zingâna. De là le sol s'abaissait insensiblement, mais le chemin était encore plus pénible; les chevaux glissaient sans trouver de point d'appui. Nous étions obligés de mettre pied à terre pour ne pas compromettre nos membres avec ceux de nos chevaux. Peu à peu nous arrivâmes dans une contrée moins difficile, mais que la neige couvrait en aussi grande abondance. De ce moment, nous étions voués à des neiges continuelles et à un froid qui ne varia guère que de 15 à 25°. Pour nous refaire, nous fûmes heureux de trouver les écuries, en partie souterraines, du village de Zingâna (pl. xiv).

Le lendemain nous parcourûmes une route frayée dans les rochers. Ce n'était que rocs et torrents s'élançant par les intervalles que ceux-là laissaient entre eux. L'aspect de la contrée était sévère et ne manquait pas de grandeur. Des aigles et des vautours planaient en grand nombre sur nos têtes, en tournoyant, sans descendre des hauteurs où ils avaient placé leurs aires. Nous traversâmes le village ou plutôt les ruines de *Bech-Kilissèh*, au milieu desquelles s'élevaient les restes des *Cinq-Églises*, traduction du nom turc de ce bourg. De là nous gagnâmes *Gumuch-Khânèh*, petite ville adossée à une montagne et disposée en amphithéâtre, suivant les pentes d'un ravin qu'elle garnit d'une façon très-pittoresque.

Le nom que porte cette bourgade lui a été donné à cause des mines d'argent qui sont dans son voisinage : il se traduit par *maison* ou *logis d'argent*. Elle est, d'ailleurs, fort peu importante quant à sa population et à ses autres productions.

Notre route restant en dehors de *Gumuch-Khânèh*, nous ne jugeâmes pas à propos d'aller y chercher un gîte, et nous nous établîmes dans un petit hameau composé de quelques masures et de deux ou trois cafés achalandés par les voyageurs (pl. xv). Nous nous arrangeâmes de notre mieux dans un de ces établissements, où nous fîmes de grands feux, au risque d'en embraser les murailles de bois, et nous pûmes, moyennant cela, y braver la tourmente de neige qui s'éleva et mugit toute la nuit.

Nous abandonnâmes nos gîtes avant le jour. La journée devait être longue et pénible. Par suite de l'épaisse couche de neige qui couvrait la terre, nous n'avancions que très-lentement, et sans les pelisses fourrées, les grandes bottes et les bonnets chauds dont nous avions fait emplette à Constantinople, nous eussions été gelés avant d'arriver à l'étape du soir, que nous n'atteignîmes qu'à la nuit.

Notre halte, ce jour-là, eut lieu à *Khâlèh*, mauvais trou qui tire son nom d'un reste de tour plantée sur la crête d'un rocher très-élevé (pl. xvi). Nous y fûmes fort mal, et le froid y devint si excessif dans la soirée que le vin gelait dans les verres avant qu'on eût le temps de le boire.

Au delà de *Khâlèh*, le pays était insignifiant. Nous atteignîmes, après de longues heures employées à cheminer à petits pas, en file et morfondus, le village de *Balahor*, où nous constatâmes que le thermomètre était encore descendu ; il marquait 16° au-dessous de zéro.

Le chemin que nous parcourûmes le lendemain fut court. Nous entrâmes de bonne heure à *Baïbout*, ville dépendant du pachalik d'*Erzroûm*. Cette ville est située au pied de hautes montagnes, à l'entrée d'une vallée étroite, et elle est dominée par une vieille citadelle en ruine. Si l'on en juge par son étendue et les vestiges de quelques édifices délabrés, elle doit avoir eu jadis une certaine importance ; mais actuellement elle ne compte qu'une très-faible population errante au milieu de la dévastation générale (pl. xvii).

Après avoir parcouru dans toute sa longueur la vallée étroite et marécageuse qui commence à *Baïbout*, et couché successivement à *Massat*, village de cahutes misérables, aux trois quarts enterrées, et à *Khoch-ab-Pounâr*, dont le nom signifie *source de bonne eau*, puis à *Poutchiki*, nous atteignîmes *Erzroûm*. Cette ville est une des plus importantes de la Turquie d'Asie. Capitale de l'Arménie septentrionale ou haute Arménie, elle est aussi le chef-lieu du pachalik qui porte son nom et qui se divise en plusieurs districts commandés par des pachas qui relèvent de celui qui y fait sa résidence.

Selon les étymologistes, son nom dériverait de *arx Romanorum, citadelle romaine*. En effet, les Turcs appellent les Romains *Roumi* ou *Roum*; par corruption ils ont pu donner à cette ville le nom de *arx* ou *ars Roum*, et par suite, en adoucissant la prononciation, comme le veut leur idiome, dire *Erz-Roum*: quoi qu'il en soit, Erzroûm paraît, non pas avoir été fondée, mais avoir acquis l'importance qui lui reste, en 415, sous le règne de Théodose II; et elle prit alors le nom de *Theodosiopolis*. — Cette contrée, qui fut le berceau du christianisme en Arménie, dut une portion de sa célébrité à la persécution des premiers néophytes et au martyre de saint Grégoire qui vint y prêcher l'évangile. — Torturé par Tiridate, sa constance et sa foi triomphèrent du fanatisme ignorant du prince idolâtre, qui se convertit à lui avec une grande partie de son peuple et reçut le baptême; de là le surnom d'*Illuminateur* que les Arméniens donnèrent à saint Grégoire.

Erzroûm tomba au pouvoir des Ottomans dans l'année 1517. — Les Russes s'en emparèrent en 1829, mais ils la rendirent à la Porte l'année suivante. Ce ne fut pas sans que leur passage en cette ville lui ait été funeste, car ils en emmenèrent un grand nombre de familles arméniennes pour les établir au delà de l'Araxe devenu leur frontière. — Ils ne firent d'ailleurs aucune différence entre les orthodoxes ou catholiques et les schismatiques; et ils opérèrent sur une si vaste échelle dans cette rapine, que, pour ne parler que des catholiques, de quatre cent cinquante familles de ces derniers, il ne s'en trouve plus que trente-six. — Ce coup de filet des Russes, qui rappelle les juifs emmenés en captivité par les rois d'Assyrie, avait pour but d'enlever la partie la plus industrieuse et la plus intelligente de la population pour la transplanter sur ce territoire russe auquel elle allait donner la vie en le peuplant. — Cette émigration forcée de la part des Arméniens a eu pour conséquence de porter un coup fatal à l'industrie d'*Erzroûm*, et actuellement il n'y a guère que l'agriculture qui occupe les bras. — Anciennement le peuple de ces contrées était essentiellement pasteur et agricole ; ses goûts lui sont restés, et la fécondité de ses plateaux élevés, la richesse de ses vallées arrosées par de nombreux cours d'eau, ont entretenu ses penchants naturels; — aussi la plaine d'*Erzroûm*, qui est très-vaste, est-elle un des points les mieux cultivés et les plus riches par ses magnifiques récoltes que l'on puisse voir dans l'empire ottoman où généralement tout languit, tout meurt, la nature comme les générations. A part les marchés nécessaires aux cultivateurs des nombreux villages qui avoisinent Erzroûm, le commerce de cette ville est tout de transit. Dans ses vastes khans, où se succèdent les caravanes, les ballots qu'elles y apportent restent intacts. Venus de la Perse ou de l'Inde, ils s'acheminent vers Constantinople. S'ils arrivent de cette ville, ils continuent leur route pour aller dans les bazars éloignés de Tabriz ou d'Ispahan. Ce passage continuel de caravanes est une cause d'aisance pour la population, qui trouve ainsi l'écoulement d'une grande partie de ses denrées; mais il est surtout, pour le gouvernement turc, une source de richesse, à cause des droits énormes que prélèvent la douane et le fisc.

Erzroûm est bâtie sur un terrain en pente (pl. xviii, xix), lié à la base d'une haute montagne qui la domine du côté du sud ; cette disposition permet à ses divers quartiers et à ses édifices de former des plans de hauteurs différentes qui contribuent à lui donner un aspect pittoresque. — A peu près au centre de la ville est comme un noyau enveloppé de tous côtés par les vastes quartiers ouverts sur la campagne, et qu'habitent séparément les musulmans pour les neuf dixièmes et les chrétiens pour le reste. La partie centrale s'appelle l'*ark*, nom qui est évidemment dérivé du latin *arx*, et qu'il faut traduire par la *forteresse*, la *ville fortifiée*. Cette portion est séparée du reste de la cité, selon l'usage en Orient. Elle se rencontre généralement, on pourrait même dire sans exception, dans toutes les villes d'Asie. C'est ce quartier clos, défendu par des murailles, où habite le chef, prince, pacha ou simple *mutselim*, qui fait sa résidence dans ce lieu.

L'*ark* d'Erzroûm est très-fort. Il est entouré de hautes murailles crénelées, bastionnées, avec embrasures pour canons, au pied desquelles sont creusés, pour en défendre l'accès, de profonds et larges fossés. Quatre portes y donnent entrée ; elles sont doubles, extrêmement grandes, et garnies d'épaisses plaques en fer fixées sur les vantaux par des barres et des clous de même métal qui en assurent la solidité. — La physionomie de cette enceinte n'est point turque; elle a une apparence de force et d'antiquité qui la font attribuer vraisemblablement aux Romains, quant à son origine. Elle justifie pleinement le nom de *arx* ou *citadelle* que ceux-ci lui avaient donné. Cette partie de la ville est d'ailleurs la plus importante par ce qu'elle renferme, et la plus intéressante par les édifices qui la distinguent des faubourgs circonvoisins. On y voit un grand nombre de mosquées et de bains. Un statisticien du pays portait les premières à cent et les seconds à seize. — D'après ces chiffres on pourrait croire la population considérable, car ces lieux publics peuvent, en Orient, être pris pour l'échelle proportionnelle propre à faire connaître le nombre des habitants; mais il faut ajouter que dans les chiffres cités ici sont comprises les mosquées en ruine; néanmoins, en portant la population d'Erzroûm à 50,000 âmes, on ne s'éloigne pas beaucoup de la vérité; et, autant qu'il est possible d'en approcher dans un pays où n'existe aucun registre de l'état civil, on peut admettre ce chiffre comme représentant le nombre des habitants de cette ville.

Non-seulement par son enceinte qui semble remonter à l'occupation romaine, mais encore par les restes qu'on y trouve, le centre de la cité appelé l'*Ark* parait plus ancien que la partie qui l'entoure. On y rencontre des vestiges de monuments qui n'ont point le caractère turc ; ils portent le cachet d'un art antérieur à l'invasion des Osmanlis dans ces contrées. L'authenticité de l'origine de quelques-uns est douteuse ; cependant il y en a qui paraissent être des premiers temps de l'islamisme. A la forme des coupoles de certaines mosquées, à la courbe de leurs arceaux, aux mosaïques de briques émaillées qui ornent leurs minarets, et surtout aux inscriptions couffiques qui les accompagnent, on doit croire qu'elles ont été élevées sous la domination des Seldjoucides. De celles-ci, plusieurs sont en ruine ; à côté d'elles s'élèvent les restes d'un édifice que les Turcs disent être l'ouvrage des *guiaours*, ou infidèles, c'est-à-dire des chrétiens. Il est impossible de recueillir sur cette origine aucun renseignement certain, et l'on doit penser que les *guiaours* auxquels ce monument est attribué n'étaient autres que les Arméniens, possesseurs aborigènes du pays avant l'invasion des hordes mahométanes.

Au centre de l'*Ark*, et lui-même enfermé dans des murailles solides, se trouvait le sérail du pacha : c'était un vaste bâtiment dépourvu d'élégance, pour lequel on avait fait peu de frais d'ornementation; la plus grande partie en était construite en bois (pl. xx, xxi). Dans la cour intérieure était une mosquée adossée à un bain, pour le gouverneur et les officiers de sa maison. J'ai appris, l'année suivante, par des voyageurs que je rencontrai en Perse, que, dans l'hiver de 1840, tout ce sérail avait été la proie des flammes.

Quant aux faubourgs ou quartiers qui sont groupés autour de l'Ark, peu de chose y attire l'attention. Il s'y trouve quelques belles maisons appartenant aux plus riches des Arméniens ou habitées par les consuls, mais dépourvues de tout intérêt artistique.

Les chrétiens du pays ont de singulières prétentions relativement à l'antiquité d'Erzroûm. Ils affirment avec une grande naïveté qu'elle remonte à Noé et que ce patriarche, étant sorti de l'arche et ayant descendu les pentes du mont

Ararat avec tout ce qu'il y avait enfermé, vint fonder cette ville. Si l'on pouvait ajouter foi à cette tradition qui ne s'appuie, d'ailleurs, sur rien autre chose que la crédulité populaire, il faudrait considérer Erzroûm comme le berceau du genre humain, sauvé du grand cataclysme asiatique. Mais on ne doit voir dans cette croyance arménienne qu'une prétention commune à plusieurs populations de ces contrées qui non-seulement font remonter l'origine de leur hameau à Noé, mais qui veulent aussi que l'arche se soit arrêtée sur le pic le plus voisin de leur localité. Sans doute il faut bien que quelqu'un dise vrai ; mais comment découvrir la vérité au milieu de la multitude et de l'obscurité des traditions ?

Le climat d'Erzroûm est un des plus désagréables qui se puissent rencontrer sur le globe. Cette ville est située dans une vaste plaine à plus de 2,000 mètres au-dessus du niveau de la mer Noire. La neige y couvre la terre pendant plus de six mois de l'année. Et quelle neige ! Jamais moins de 1 à 2 mètres. Le froid, qui commence en septembre, s'y prolonge jusqu'en mai. Il y devient très-intense et varie, durant trois mois, de 15 à 25°. Pendant notre séjour, nous vîmes le thermomètre descendre à 23°.

Après huit jours de marche des plus pénibles, à travers des montagnes couvertes d'une neige profonde, ou des plaines glacées dans lesquelles nous eûmes plusieurs fois à passer l'Euphrate gelé, nous atteignîmes la petite ville de Bayazid. Quelques heures avant d'y arriver, nous aperçûmes, à une distance assez rapprochée, le grand et le petit Ararat, qu'on appelle aussi dans le pays *Agri-Dâgh* ou la *haute montagne*; on lui donne encore le nom de *Khoû-Noûh* ou *Pic de Noé*. Selon la tradition populaire, Dieu ne veut pas que personne puisse atteindre au sommet de cette montagne, et de tous les téméraires qui ont tenté d'y arriver aucun n'est revenu.

Devant nous, adossée à des rochers à pic et plantée elle-même sur des éminences qui s'en détachaient, s'élevait Bayazid, placée dans ce site sauvage comme un nid de vautours (pl. xxii). Cette ville, accidentée suivant tous les caprices des ravins qui sillonnent le flanc de la montagne rocheuse qui la surplombe, nous sembla divisée en plusieurs quartiers s'élevant, s'abaissant, tous dominés par une demeure importante et d'une élégance d'architecture qui formait un contraste frappant avec les habitations d'alentour (pl. xxiv). Cette demeure isolée, au-dessous de laquelle s'étendait une partie de la ville, avait un air de commandement et de souveraineté qui nous fut expliqué quand nous sûmes que c'était le sérail du pacha. Bayazid a un aspect guerrier et ressemble assez à un repaire de brigands, qui y attendent, comme les vautours dont les aires sont voisines, la proie que le hasard peut leur envoyer ; et si l'on veut ennoblir sa physionomie, on peut dire que c'est celle d'une place forte, qui compte sur sa position pour être inexpugnable. Elle sert, d'ailleurs, de retraite aux tribus indépendantes du pays, qui s'émancipent et résistent aux autorités turques. En effet, cette ville semble n'avoir été construite qu'en vue de la défense. Les maisons en sont partagées en groupes disposés sur plusieurs mamelons et entremêlés çà et là de petits forts disposés pour la défense de ses divers quartiers. Au fond, derrière le palais du pacha, pour clore cet amphithéâtre d'habitations et de fortifications en ruine, se dressaient de vieilles tours crénelées, enracinées à des rochers à pic, dernier asile des défenseurs s'ils venaient à être serrés de trop près.

A travers des ruelles étroites, rapides dans leurs pentes, et pavées de roches glissantes, nous arrivâmes à l'entrée du sérail où le pacha nous donna l'hospitalité. Ce palais, comme je l'ai dit, s'élevait majestueusement, placé sur un mamelon isolé. Son architecture était aussi originale qu'élégante. Après avoir traversé une cour spacieuse sur laquelle s'ouvraient de vastes écuries bâties avec luxe, nous pénétrâmes dans une cour moins vaste comprise entre des bâtiments d'une architecture remarquable par son élégance et par la délicatesse de son ornementation. Sur cette cour intérieure ouvraient deux immenses portes en marbre blanc sculpté. L'une conduisait dans des appartements destinés aux réceptions ou aux hôtes du pacha ; l'autre, fermée avec soin, ne s'ouvrait qu'avec la plus grande circonspection : c'était l'entrée du harem et de l'habitation particulière du maître.

Dans un coin de cette cour, un petit jardin enfermé dans des murs percés de grandes baies grillagées ombrageait, grâce à de hauts cyprès, un monument funéraire remarquable par sa forme élégante (pl. xxv). Au-dessus des arbres funèbres et noirs, tout frangés alors de neige, s'élevait un large dôme qui couvrait le sanctuaire d'une mosquée attenante au palais, dont le minaret, construit par assises de deux couleurs, élevait dans les airs ses anneaux alternativement rouges et blancs que surmontait une légère pyramide terminée par le croissant.

Ce sérail est un véritable bijou, et l'on est tout étonné de le trouver dans un aussi triste séjour que Bayazid. Il est dû à un architecte arménien qui le construisit, à la fin du dernier siècle, avec une intelligence et un art qui lui font honneur. Il a su allier la solidité massive de l'architecture arménienne à l'élégance du style arabe et persan.

Tout cela était charmant et bien digne d'admiration, tant par son originalité que par le goût délicat avec lequel tous ces détails avaient été conçus et recherchés. Mais quelque chose gâtait ce gracieux tableau et refroidissait singulièrement l'enthousiasme : c'était l'épaisse neige qui couvrait le sol et la rigueur du froid qui sévissait avec une intensité de 25°. Nous étions au 11 janvier, dans une des contrées les plus froides du globe, au cœur d'un hiver qui ne durait pas moins de six mois, et, après avoir traversé tous les hauts plateaux de l'Arménie turque, nous avions devant nous, s'étendant jusqu'aux steppes du Turcoman, les immenses étendues de neiges glacées de l'Arménie persane. A notre gauche s'élevait une chaîne de montagnes reliée à sa base au mont Ararat : c'était le pays moscovite. Nous nous trouvions au point d'intersection où se croisent les frontières russe, turque et persane. Nous allions franchir cette dernière et changer de pays, de mœurs et de langage. Quelle hospitalité nous y attendait ? quelles aventures nous y étaient réservées? Nous quittions la Turquie sans regrets ; elle ne nous avait partout présenté qu'un aspect sauvage et triste, des montagnes rudes et difficiles, couvertes de neiges inabordables, une nature désolée, grande seulement en solitudes, et des huttes peu hospitalières peuplées d'habitants farouches : l'Arménie nous faisait désirer la Perse.

LA PERSE.

Depuis un mois nous cheminions lentement et péniblement au milieu des neiges de l'Arménie. Cette marche laborieuse n'avait été interrompue que par de bien rares journées de halte; et, à mesure que nous approchions de la frontière persane, nous sentions redoubler en nous, avec la fatigue du voyage, le désir d'en atteindre bientôt le terme.

Enfin nous arrivâmes à la limite des solitudes glacées où, par un froid de 25 degrés, les ouragans venus des ravins du Taurus avaient mis notre patience à de si rudes épreuves. Ce n'est pas qu'après avoir franchi la frontière turque, et mis le pied sur le territoire persan, la nature changeât beaucoup d'aspect, car elle était aussi triste, aussi désolée en Perse qu'en Arménie. Les maisons où nous couchions étaient aussi sales que les gîtes infects où nous nous étions arrêtés depuis notre départ de Trébizonde.

Cependant peu à peu nous arrivâmes dans une contrée moins sauvage, et bientôt nous pûmes remarquer une amélioration notable dans la vie, dans les ressources matérielles des habitants. Des maisons commodes et propres succédèrent aux misérables cabanes des pâtres kurdes ou arméniens. Dans les villes que traversait notre caravane on distinguait aussi les traces d'une civilisation plus avancée; et dans les mœurs des populations, à côté de quelques disparates, beaucoup de côtés sympathiques et presque séduisants.

Après une simple halte dans la ville de Khoï, où nous retrouvâmes les traces du passage des officiers français envoyés par Napoléon Ier auprès de Feth-Ali-Châh, en 1809, et auxquels sont dues les fortifications qui défendent cette place, nous gagnâmes Tabriz. Cette ville a été l'objet de longues discussions au sujet du nom qu'elle portait dans l'antiquité. Dans la confusion qui en est résultée il est très-difficile de choisir. Certains auteurs veulent que ce soit la *Gabris* de Ptolémée; d'autres, que ce soit la fameuse *Ecbatane* de l'Écriture sainte. Il est impossible d'admettre cette dernière opinion; car, d'après ce que les traditions historiques nous ont rapporté des magnifiques palais d'Ecbatane, on devrait en retrouver des traces quelconques à Tabriz. — Or il ne s'y voit absolument aucun vestige de l'antiquité. Il semble plus raisonnable d'admettre une autre opinion qui la représente comme devant être l'ancienne *Gaza*, dont la position géographique correspond à celle de la ville en question. Dans ce cas, l'absence de souvenirs historiques s'expliquerait par le peu d'importance de Gaza dans les âges reculés.

Pour ce qui est du nom moderne de Tabriz, on le trouve écrit de diverses manières par les auteurs qui en ont parlé. — Ainsi on lit dans certains ouvrages *Tauriz*; dans d'autres, *Tebris*. Les Persans disent *Tabriz*; et l'on va voir que cette manière d'écrire le nom de cette ville se justifie par les traditions qui s'y rattachent.

La plupart des historiens en font remonter la fondation à l'an 165 de l'hégire, ou 787 de l'ère chrétienne. Ils attribuent sa construction à *Zobeïdéh*, femme d'*Haroun-el-Rechid*, kalife de Bagdad. D'accord sur cette origine, ils diffèrent sur ses causes. Les uns disent que la sultane étant dangereusement malade, un médecin persan la guérit; et que, lui ayant une profonde gratitude de l'efficacité de ses soins, cette princesse voulut le récompenser selon ses désirs. Le *Hekim*, ayant le choix, demanda qu'il fût fondé une grande ville en son pays natal. Les autres, admettant également la maladie de *Zobeïdéh*, prétendent qu'elle fit le voyage de Bagdad pour venir se guérir de la fièvre en ce lieu même qui passait pour jouir d'une grande salubrité. Par reconnaissance, la sultane aurait, selon eux, jeté les fondements d'une ville à laquelle elle aurait donné le nom de *Tabriz*, qui se décompose en deux parties, *tab* et *riz*, qui signifient *fièvre* et *partie*, ou bien *chasse la fièvre*. — Quelque légitime que paraisse cette explication, il se pourrait bien qu'il n'y eût là qu'un conte fait pour aider à l'étymologie du nom de cette cité. Cependant, pour défendre la véracité des auteurs persans contre l'incrédulité, il faut dire qu'à Tabriz il reste plusieurs édifices en ruine auxquels se rattachent le souvenir et même le nom de Zobéidéh.

Si l'air de Tabriz est salutaire aux malades, en revanche son territoire expose les habitants à des dangers continuels, par la fréquence des tremblements de terre qui s'y font sentir. C'est aussi là une des causes auxquelles il faut attribuer les ruines qui couvrent le pays. Cherchant dans la fréquence de ces phénomènes l'origine du nom de la province dont Tabriz est la capitale, les Persans l'ont appelée *Terre de feu*, et dans leur langue *Azerbiadjân*. — Mais cette dénomination ne viendrait-elle pas plutôt du feu sacré dont le culte y prit naissance ainsi que Zororastre? — En effet, ce célèbre promoteur de la religion guèbre naquit à *Maragha*, ville située sur la rive orientale du lac d'*Ourmyah*, à peu de distance de Tabriz. C'est là qu'il posa les premiers dogmes de la nouvelle religion, et qu'il écrivit le livre connu sous le nom de *Zend-avesta*.

Il est fort difficile de distinguer ce qu'il y a de vrai dans ces étymologies; mais ce qui est certain, c'est que Tabriz n'a conservé aucun vestige d'un âge antérieur à l'islamisme. Son sol volcanisé a fait disparaître, dans ses convulsions, tout ce qui pouvait rappeler une origine antique, et tous ses monuments, la plupart en ruine, sont d'une époque très-rapprochée de la nôtre (pl. xxvi).

Tabriz ne doit pas son importance seulement à ce qu'elle est capitale d'une des grandes provinces de la Perse; elle la doit aussi à son commerce, car c'est incontestablement le marché le plus considérable qui soit dans tout le royaume. Les nombreuses caravanes qui peuplent ses caravansérails y apportent les produits de l'intérieur de l'Asie et ceux de l'Europe. Celle-ci est représentée par quelques négociants qui ont des comptoirs dans lesquels règne une grande activité.

Tabriz est fermée de tous côtés par une double enceinte crénelée, flanquée de tours rondes, avec fossés et bastions. Elle a plusieurs portes parmi lesquelles trois, plus importantes que les autres par leurs dimensions et leur ornementation, sont flanquées de tourelles très-élevées, en forme de minarets, et brillantes d'émaux de couleur qui forment des dessins sur toute leur surface. La population de cette grande cité n'est plus de cinq cent mille âmes comme au temps où Chardin la visita, il y a deux cents ans; elle est réduite à cinquante mille au plus, et se compose de musulmans et d'Arméniens.

Après une quinzaine de jours passés dans ce chef-lieu de la province d'Azerbaïdjân, nous nous remîmes en route pour atteindre la capitale actuelle de la Perse, c'est-à-dire celle où le châh séjourne. Nous passâmes dans la province d'*Irak-Adjemi*, dont la frontière, sur le chemin que nous suivions, est délimitée par le cours d'une assez forte rivière appelée *Mianèh*, ou *Roûd-Khânèh-Mianèh*, à cause du voisinage d'une petite ville qui porte le dernier de ces noms. — On la traverse sur un pont de vingt-trois arches, parfaitement construit en briques entremêlées de fortes assises de pierres (pl. xxvii).

Nous ne tardâmes pas à atteindre *Zenguiân*, chef-lieu d'un district important qui compte plus de cent villages. C'est d'ailleurs une ville de médiocre apparence, située au fond d'une vaste plaine; elle est entourée d'un grand nombre de vergers dont les fruits sont renommés dans le pays. Il s'y trouve une grande mosquée (pl. xxvii) et des bazars spacieux. Un palais autrefois considérable montre au voyageur qui peut s'y abriter, les restes délabrés de salles jadis élégantes. Ses grands jardins et ses kiosques gracieux attestent que celui qui fit élever cette habitation n'épargna rien pour en faire une demeure brillante; çà et là on y voit des lambris dorés, des plafonds à compartiments de glaces et des ouvrages en marqueterie d'un goût exquis, mais le sol est jonché de leurs débris.

Quelques étapes nous conduisirent à *Kazbin*, et nous en étions encore à plus de 6 kilomètres que nous apercevions ses dômes et ses minarets, dont les silhouettes se découpaient gracieusement sur un fond de montagnes auxquelles la ville semblait adossée. Kazbin est situé au fond d'une immense plaine, presque au pied de la chaîne de l'*Elbourz*, qui s'étend jusqu'à Teherân. Ces montagnes séparent l'*Irak-Adjemi* des provinces qui bordent la mer Caspienne. Quelques géographes ont voulu voir dans cette ville l'ancienne *Arsacie*, capitale des rois parthes, d'autres la *Rhagés* dont il est question dans l'Écriture. Des historiens persans ont écrit qu'elle avait été fondée par Châpour qui lui donna son nom. Mais la ville de Châpour est dans le sud de la Perse, et très-éloignée de Kazbin; celle de Rhagés, aujourd'hui *Rhey*, montre dans le voisinage de Teherân ses restes qu'attestent de longs tumulus couverts de décombres; on ne retrouve d'ailleurs à Kazbin, ni dans son enceinte, ni dans ses environs, aucuns vestiges qui aient pu appartenir à d'antiques édifices. Il faut donc se contenter de faire remonter, selon la tradition qui paraît la plus digne de foi, l'origine de cette grande cité au viiie siècle de notre ère, en l'attribuant à Haroun-el-Rechid (pl. xxx).

Les phases de l'existence de cette ville furent très-diverses; elle dut s'en ressentir. Souvent ravagée par les guerres, remuée par les tremblements de terre, on conçoit qu'elle n'a pu conserver un cachet original. Plusieurs fois reconstruits, ses édifices ne sont pas de vieille date. Pourtant il y en a un, la mosquée qu'on appelle *Matchit-Djuma*, qui, dit-on, remonte au temps du célèbre kalife de Bagdad. Les autres monuments ne datent que de la dynastie des Sophis. Parmi ces derniers, on remarque la mosquée appelée *Matchit-i-Châh*, qui fut commencée par *Châh-Ismail* et achevée par *Châh-Thamas*, vers 1530. On doit encore à ce prince un *Imâm-Zadéh*, ou tombeau très-remarquable, et dans un parfait état de conservation. Sa coupole, presque intacte, brille de tout l'éclat des faïences coloriées qui la recouvrent. Ce mausolée fut élevé à la mémoire d'un iman du nom de Hussein.

Parmi les édifices de Kazbin il ne faut pas omettre les bazars, les caravansérails, et surtout les citernes, qui s'y trouvent en grand nombre (pl. xxxi, xxxii). Quoique les tremblements de terre éprouvés par Kazbin aient, à diverses

„reprises, fait écrouler les murailles qui ferment cette ville de tous côtés, son enceinte est en assez bon état. Elle consiste en une succession de tours percées d'embrasures et reliées entre elles par des murs crénelés.

La population de Kazbin peut être de trente à quarante mille habitants. L'une de ses industries est la fabrication des armes blanches, des sabres principalement, qui ont l'aspect de ceux du Khoraçan, mais dont la qualité est bien inférieure, et qui n'ont en Perse que peu de valeur ; on les exporte à Constantinople et dans l'Inde.

Kazbin revendique comme un honneur, et comme l'un de ses titres à l'intérêt du voyageur, d'avoir vu naître *Locman*, célèbre fabuliste, et *Hâm d-Oullah*, l'un des géographes et des historiens de la Perse, dans les œuvres duquel on trouve les documents les plus certains sur ce pays.

La distance qui sépare Teheràn de Kazbin est vite parcourue. Après avoir dépassé la petite ville de Solimanyèh, et suivant le pied de la chaîne de l'Elbourz, on ne tarde pas à voir se développer devant soi la capitale actuelle, choisie par les princes de la dynastie des *Kadjârs*. Teheràn n'a pas une très-grande étendue. Son circuit n'est guère que de 4 à 5 kilomètres. Les murailles sont, comme celles des autres villes, flanquées de tours et protégées par un large fossé. Elles sont percées de six portes ornées de briques émaillées de diverses couleurs; quelques-unes sont défendues par une espèce de petit fortin également entouré de fossés, qui se trouve à une centaine de mètres en avant du mur d'enceinte. Presque tous ces ouvrages tombent en ruine, et ne pourraient être d'aucune utilité en cas d'attaque sérieuse (pl. xxxiii).

Cette ville est d'une importance bien moindre que Tabriz et Ispahan. Elle n'est pas, comme celle-ci, précédée d'immenses faubourgs; toute la population est renfermée dans ses murs et ne dépasse pas cent mille habitants. Au premier aspect elle ne présente qu'une longue ligne horizontale de murailles de briques jaunâtres que surmontent quelques coupoles de mosquées et quelques kiosques du palais du châh. On y compte six à sept mosquées, trois ou quatre medressèhs ou colléges, plus de cent bains et autant de caravansérails; mais aucun de ces édifices n'est remarquable (pl. xxxiv). Les bazars sont laids et sales; la construction en est misérable. Les mosquées n'ont rien de grand comme ensemble, rien d'élégant comme détails. On voit que cette ville ne se trouve capitale que par accident. N'étant pas destinée à jouer ce rôle, elle a brusquement passé du rang de ville de second ordre à celui de capitale, sans que son importance ait motivé cette usurpation et sans que cette usurpation ait amené pour elle un plus grand développement. Les princes *Kadjârs* qui s'y sont établis et en ont fait le siége de leur royaume n'ont eu ni les goûts, ni sans doute les ressources qui ont fait exécuter à leurs devanciers, les souverains de la race Sophi, à Ispahan, les magnifiques monuments qui font de cette ville, encore aujourd'hui, la vraie capitale de la Perse, bien que les monarques actuels l'aient abandonnée; toute l'importance de Teheràn est donc dans le séjour qu'y font la cour et les hauts fonctionnaires de l'État.

La seule partie de la ville qui soit digne d'intérêt est celle qu'on appelle l'*Ark*. Selon l'usage d'Orient, c'est un quartier placé au centre, séparé des autres par une muraille fortifiée et des fossés sur lesquels sont jetés des ponts-levis; c'est là qu'est le palais du châh, avec toutes ses dépendances, les habitations de quelques princes du sang royal et de plusieurs grands personnages attachés à la cour; c'est là aussi qu'est logée une partie de la garde du roi. Au devant du palais s'ouvre une grande place qui porte le nom de *Meïdàn-i-Châh* ou *Place Royale*. Elle est fermée de toutes parts, soit par des murailles flanquées de tours garnies d'artillerie, soit par des casernes ou par les murs d'enceinte du sérail. Au milieu de cette place est une plate-forme élevée d'un mètre environ, où repose une énorme pièce de canon dont la pestination ne se comprend pas; sur son affût brisé, nous vîmes un homme qui mendiait en invoquant Ali. On nous dit que c'était un meurtrier qui s'était réfugié là comme en un lieu d'asile. Le coupable qui parvient à l'atteindre y est inviolable, quel que soit le crime qu'il a commis. Il y attend le passage du roi qui ne peut lui refuser grâce; ainsi l'impunité d'un criminel dépend de l'activité de ses jambes. Il y a d'ailleurs d'autres lieux d'asile, notamment la mosquée royale.

L'intérieur du sérail se compose de plusieurs édifices ou kiosques placés dans de grands jardins et des cours plantées au milieu desquelles sont des bassins. La porte par laquelle on y pénètre ouvre sur le *Meïdàn-i-Châh;* elle s'appelle *Der-i-Saadet* ou *Porte de la Félicité*. Au-dessus de cette entrée s'élève un pavillon dont le centre, percé d'une immense baie, est un salon réservé au châh pour les occasions où il lui prend fantaisie de voir manœuvrer ses troupes ou d'assister aux divertissements populaires du *Baïram* après le *Rhamadàn* ou carême musulman. A droite de ce pavillon sont les jardins du sérail, dont les grands arbres dépassent le mur qui ferme la place ; au-dessus de leurs têtes s'élève une espèce de tour à plusieurs pans, percée de petites lucarnes et terminée par une galerie à jour : c'est le belvédère réservé aux femmes du harem, qui viennent, sans qu'on les aperçoive, y jouir de la vue des environs de Teheràn ou des lieux qui avoisinent le palais.

Les habitations particulières sont, comme dans les autres parties de la Perse, très basses ; c'est à peine si l'on peut en citer quelques-unes ayant un étage au-dessus du rez-de-chaussée. — La manière dont les Persans bâtissent et la qualité des matériaux qu'ils emploient ne permettent pas qu'ils donnent à leurs constructions une grande élévation. En effet, des briques crues, assemblées avec un peu de boue, ne peuvent offrir de grandes garanties de solidité. On a peine à concevoir que les Persans, si industrieux et si intelligents, qui ont autour d'eux de la pierre et de la chaux à profusion, préfèrent, en bâtissant avec la fange de leurs ruisseaux, s'exposer à voir, en quelques heures, leurs demeures renversées par un orage ou une légère secousse volcanique, ce qui arrive fréquemment.

Dans le voisinage de Teheran se trouve une ancienne résidence royale qui porte le nom de *Neghâr-Istân*. C'est celle où le roi Fet-Ali-Châh reçut, au commencement de ce siècle, l'ambassadeur français général Gardanne accrédité par l'Empereur, ainsi que sir Malcolm envoyé par l'Angleterre, pour contrecarrer les projets que Napoléon avait conçus, et que son représentant, accompagné d'une suite nombreuse d'officiers, avait reçu la mission de faire valoir aux yeux du prince persan. Ce palais présente cette particularité, qui nous étonna beaucoup, de montrer, peints sur les murs de la salle du trône, d'immenses tableaux représentant d'un côté tout le personnel de l'ambassade française, de l'autre les envoyés anglais. Tous les personnages sont de grandeur naturelle. Autour d'eux figurent, dans diverses attitudes, les hauts dignitaires de la cour assistant à la cérémonie de présentation à Fet-Ali-Châh. Il va sans dire que ces peintures laissent beaucoup à désirer; l'exécution en est maladroite, et dénote, avec une extrême naïveté dans la pose, une ignorance complète du dessin. Quoi qu'il en soit, elles étonnent, par la vérité, la puissance de la couleur et le relief, toutes choses qui prouvent que les Persans pourraient être d'excellents peintres, s'il leur était donné de s'instruire dans les diverses branches d'un art qu'ils soupçonnent sans que leur ignorance leur permette de l'approfondir. Ils peignent d'inspiration, naïvement, ce qu'ils voient, mais sans la science qui apprend à voir et à rendre. Poussés vers l'art de la représentation de la nature par un goût naturel, ils cherchent à imiter les objets isolément, sans bien observer les rapports qui existent entre eux, et sans suivre les règles de la perspective linéaire ou aérienne. — Par cette raison, ils excellent dans les ouvrages de détail et délicats : ainsi ils font de petites peintures de fleurs ou d'ornements, qui sont d'une vérité et d'un fini exquis; mais aussitôt qu'ils sortent de ce genre pour représenter de grandes scènes, les défauts qui tiennent à leur inexpérience reparaissent et font tort à leurs tableaux.

Teheran servait alors de résidence, on pourrait dire de prison, à un grand nombre de membres de la famille royale; ce sont des *Châh-zadéhs*, tous frères ou cousins du roi. Pauvres, sans consistance politique et sans argent, ils vivaient des aumônes du souverain, souvent même de celles que voulaient bien leur faire les grands : c'était une bien triste partie de l'héritage que Fet-Ali-Châh avait légué à ses successeurs. Le monarque, jouissant pleinement et royalement de la liberté accordée par le Koran sur le nombre des femmes, en eut, dit-on, jusqu'à cinq ou six cents dans son harem, et laissa une progéniture masculine de soixante-dix princes. La politique ombrageuse du châh et les événements qui avaient entouré les commencements de son règne ne lui permirent pas de conserver à ses oncles ou cousins la position que leur avait faite son prédécesseur, qui était en même temps son aïeul, de qui ils tenaient le gouvernement de toutes les provinces ou villes importantes du royaume. Les postes dans lesquels le nouveau souverain avait trouvé ces châh-zadéhs les rendaient trop dangereux pour son repos et celui du pays. Ayant une grande influence, due à leur autorité ou à leurs richesses, il était à craindre qu'ils en abusassent pour aliéner les populations et les détourner de leurs devoirs envers le chef de l'État. Le châh résolut de priver de leurs forces tous les compétiteurs qui pourraient surgir, en dépossédant tous les membres de sa famille qui se trouvaient à la tête de gouvernements importants. Cette mesure politique eut naturellement pour résultat d'appauvrir et de laisser dépérir dans l'oisiveté de nombreux princes qui, bien que vivant pauvrement, n'en étaient pas moins pour l'État et le pays lui-même une lourde charge.

Parmi les scènes de mœurs les plus originales et les plus curieuses que l'on puisse voir en Perse, il faut mettre en première ligne les fêtes religieuses qui se célèbrent au commencement de chaque nouvelle année, le premier jour de Moharrem. Les Persans appellent ces fêtes *E'id-gatl*, c'est-à-dire *fêtes du meurtre*, ou communément *Taziéhs*. Elles ont lieu en mémoire d'Ali, gendre du prophète, et de ses fils Hussein et Hassan, dont la fin tragique engendra le schisme qui partage les musulmans en *Sunnites*, ou partisans d'Omar, et *Chyas* ou *Chyites*, sectateurs d'Ali. Ce schisme, qui n'a rien changé quant au fond de la doctrine de Mahomet, a pour base le droit d'hérédité d'Ali, comme gendre, et de Hussein et Hassan, comme petits-fils de Mahomet, au détriment d'Aboubekhr et d'Omar que les Persans considèrent comme des usurpateurs. Après la mort du prophète, son beau-père Aboubekhr, qui était aussi celui d'Omar, s'empara de la souveraineté, afin de la transmettre à son second gendre. Ali, qui non-seulement avait épousé la fille de Mahomet, mais qui de plus était son neveu, revendiqua sa succession au nom du sang, mais sans succès. Cependant, à la mort d'Aboubekhr, ayant réussi à s'emparer du kalifat, il ne put le conserver dans sa famille et il périt lui-même massacré par les partisans d'Omar, qui étaient les plus nombreux. Hussein et Hassan, les deux fils d'Ali, voulurent venger sa mort et reconquérir par la force des armes ce que la trahison avait arraché des mains de leur père; mais le premier, attaqué par Yezid, général d'Omar, sur les bords de l'Euphrate, près de Kerbelâh, y perdit la vie; l'autre périt empoisonné. Ainsi fut tranchée cette question qui, après plus de cinq cents ans, devait faire surgir en Perse un schisme redoutable pour l'orthodoxie turque, et causer des guerres auxquelles le fanatisme religieux prêta toute la violence d'une foi ardente.

Les partisans des victimes de l'ambition d'Omar n'ayant pu les faire triompher, conservèrent du moins leur dévouement à la postérité de Fatmé. Ils formèrent ainsi la première et faible branche naissante qui, partant de la souche-mère de l'islamisme, devait plus tard étendre ses rameaux vigoureux sur une grande partie de l'Asie. — Un dévot philosophe, un rêveur, vivait au xive siècle, à Ardebil, sous le nom de *Sefi-ed-din*, ou *pureté de la foi*; il approfondissait dans une solitude extatique les questions les plus ardues, les plus délicates, qui séparaient déjà les *Sunnites*, ou partisans d'Omar, du petit nombre des adhérents d'Ali. Ce *sophi*, ou philosophe, comme on l'appelle en Perse, prétendait descendre lui-même du gendre du prophète; c'était d'ailleurs un homme de bien, vénéré dans tout le pays, et dont la sainteté avait acquis une renommée telle, que Taïmour lui-même se détourna de ses conquêtes pour aller le visiter dans sa retraite. Animé d'une piété fervente, exalté par l'idée de faire revivre les droits de l'époux et des fils de Fatmé, il eut des inspirations qui fondèrent les premières bases du schisme au moyen duquel il anima d'une foi nouvelle le cœur des Persans. Profitant habilement de tout ce qu'il y avait de touchant et de noble dans le caractère et les actes d'Ali, il le présenta aux Persans comme la généreuse victime des détestables kalifes reconnus par les Sunnites. L'imagination de ses disciples s'enflamma aux récits des malheurs de la famille immolée par Omar, et, touchés de sa fin misérable, ils embrassèrent avec ardeur l'hérésie que leur présentait, ardente et passionnée, l'anachorète d'Ardebil. — Telle fut l'origine de la secte des *Chyas* ou *Chyites*, et aussi celle de la puissance des princes issus de Cheik-Sefi-ed-din.

La Perse était depuis longtemps dominée par les descendants du conquérant tartare; les guerres l'avaient désolée, ravagée dans tous les sens. Les successeurs de Taïmour, qui opprimaient le pays et le déchiraient entre eux, suivaient la religion contre laquelle s'étaient élevées les prédications de Cheik-Sefi-ed-din; ces causes réunies durent aider puissamment les partisans de ce sectaire dans la continuation de son œuvre. Des idées d'indépendance agitaient la Perse. Les persécutions dont les disciples de la nouvelle doctrine étaient l'objet de la part des chefs de tribus tartares, au lieu d'en diminuer le nombre ne firent que l'augmenter. A cette ardeur de secte s'ajoutait celle du patriotisme, et ce fut alors qu'Ismaïl, petit-fils du cheik d'Ardebil, crut le moment favorable pour lever l'étendard de la révolte, au cri d'Ali et de Husseïn, devenu l'expression de la foi qui se répandit par toute la Perse, et mit le pouvoir dans les mains de la dynastie qui porta le nom de *Sophis* ou *Seffevièhs*.

De ce moment fut creusé entre les *Sunnites* et les *Chyas* un abîme infranchissable; ils se vouèrent réciproquement la haine la plus profonde, la plus envenimée. Ainsi qu'il arrive et que nous l'avons vu nous-mêmes dans le sein de notre religion chrétienne, la communauté de foi dans le principe religieux ne fut plus rien. Elle fut remplacée de part et d'autre par une intolérance violente, exclusive, qui ne voulait admettre aucune opinion dissidente. De là le fanatisme le plus aveugle, le plus acharné; de là cette aversion mortelle qui sépare les Turcs des Persans, plus profonde qu'entre chrétiens et musulmans.

On conçoit, d'après cet exposé rapide du schisme qui distingue les Persans, ce que sont leurs fêtes religieuses qu'ils appellent *Tazièhs*. Pendant tout le temps qu'elles durent, leur fanatisme est développé au plus haut degré. Il serait dangereux alors de l'exciter et de lui donner le moindre prétexte de se traduire par des actes, qui deviendraient sanguinaires.

Ces *Tazièhs* ne sont autre chose que des spectacles dans le genre des anciens mystères que l'on représentait en Europe au moyen âge. Ces représentations dramatiques ont lieu sous de grandes tentes dressées sur les places publiques, dans les cours des mosquées, ou à l'intérieur des palais des grands qui en font tous les frais par zèle religieux. Ces tentes sont ornées avec un grand luxe : on y étale des cachemires, de riches étoffes que prêtent pour la circonstance les personnes dévotes. On y accroche des peaux de bêtes, sur lesquelles figurent des cottes de mailles, des boucliers, des poignards et d'autres armes. Au milieu s'élève l'estrade qui doit servir de scène, ainsi qu'une chaire du haut de laquelle, avant le spectacle, un mollah prêche pour préparer les assistants au drame sanglant qui va être représenté. On y retrace, aux yeux des nombreux spectateurs que la dévotion attire, les combats livrés aux deux petits-fils de Mahomet, leur mort et la captivité de leur famille. On y fait paraître un envoyé franc qui intercède en faveur de la femme et des enfants de Husseïn, auprès du kalife qui le fait aussi mettre à mort.

Les différents personnages qui figurent dans ces sortes de tragédies sont habillés avec autant de vérité que possible. Le frengui qui s'y trouve avoir un si beau rôle porte un costume moderne dont on se procure les diverses parties chez les Européens qui sont dans le pays. Ceux-ci s'y prêtent d'autant plus volontiers que les Persans paraissent très-touchés de la mort de l'envoyé européen qui paya de sa tête les paroles qu'il osa élever en faveur de la famille infortunée de Husseïn.

Les Persans sont pleins d'imagination, et les auteurs qui écrivent les scènes que les acteurs doivent faire passer sous les yeux des spectateurs en frappant leurs oreilles, leur donnent trop d'étendue pour qu'elles puissent être répétées dans une seule séance. Elles comprennent ordinairement trois représentations en trois actes; ensuite on termine par un résumé. C'est la clôture de ces fêtes qui précèdent le *Baïram*, ou les réjouissances qui succèdent au deuil. Dans cette action finale qui arrive après les jours de surexcitation fanatique, et dans la scène qui retrace le combat entre les partisans d'Ali et la troupe de Yezid, l'animation des combattants est si grande qu'elle présente l'aspect de la vérité; et il arrive qu'après les premiers coups, quand la mêlée est le plus animée, ce simulacre prend tout à fait la physionomie de la réalité, et les adversaires sont tellement surexcités qu'il faut recourir à la force pour leur faire cesser un combat qui deviendrait meurtrier.

Ces drames sur la mort d'Ali et de ses fils sont écrits en vers. Quelques passages qui nous en furent traduits nous parurent pleins de sentiment et empreints d'énergie. Les acteurs les chantent et les déclament avec une accentuation emphatique, et les gestes dont ils accompagnent leur déclamation contribuent à produire un grand effet sur la foule, qui répond aux strophes les plus pathétiques par des sanglots et des invocations où se mêlent un appel à leur prophète et les malédictions adressées à Omar. Ces Tazièhs émeuvent profondément la multitude des deux sexes, qui y assiste chaque jour avec passion, et qui en fait prolonger la durée beaucoup au delà des dix jours qui sont rigoureusement voulus par la religion. Tant que dure cette époque de deuil, les dévots s'imposent de rudes pénitences; ils ne vont point aux bains; ils s'abstiennent de voyager, et ne s'occupent nullement de leurs affaires.

Pendant les jours qui précèdent et qui suivent ces représentations, les hommes les plus fanatiques et ceux qui ont quelque grande pénitence à faire parcourent la ville en chantant les louanges de Husseïn et d'Ali; et proférant leurs noms de toute la force de leurs poumons, ils se meurtrissent la poitrine. Quelques-uns se traversent les chairs avec des broches de fer, et, nus jusqu'à la ceinture, couverts de plaies volontaires, ils excitent la compassion en montrant leurs blessures hideuses. D'autres, armés de pied en cap, teints de sang, le visage noirci, imitent Husseïn, ses combats, ses souffrances dans le désert, où les traditions rapportent qu'il eut à endurer une chaleur et une soif accablantes. Ils parcourent ainsi les rues, en achevant d'exalter les têtes impressionnées déjà par les spectacles des Tazièhs.

Grâce à l'intervention de l'envoyé français, qui joue le rôle de protecteur, on est rempli d'égards pour les Européens pendant la durée de ces solennités religieuses. Mais il n'en est pas de même à l'égard des Turcs ou des autres Sunnites qui, dans ces circonstances, ne sauraient être ni assez circonspects, ni assez prudents; car si par malheur l'un d'eux donnait quelque motif grave de colère, il courrait danger de mort. La populace, exaltée au souvenir de la mort de Husseïn et d'Hassan, ne connaîtrait plus de frein : surexcitée par le spectacle récent qui rappelle leur martyre, elle voudrait, en immolant le malheureux Sunnite, venger le meurtre pour lequel elle ne savait, un instant auparavant, comment accumuler assez d'injures et d'imprécations sur la tête d'Omar. Et cependant les Persans font tout ce qu'ils peuvent pour exaspérer le zèle religieux qui brûle d'une ardeur égale dans le cœur de ceux qui reconnaissent la famille d'Aboubekhr pour héritière de Mahomet. Ils ne leur épargnent aucun outrage; et, comme pour insulter plus rudement leur foi, ils s'adressent encore à leurs yeux et à leurs préjugés. Ils forment une image grossière qui, sous les traits les plus hideux, représente Omar; puis s'adressant à la statue maudite, ils l'invectivent et lui reprochent d'avoir dépouillé la famille d'Ali de son droit de succession. Ils épuisent dans cette occasion tout le vocabulaire de leurs imprécations et de leurs injures les plus grossières; et quand ils ne savent plus qu'ajouter à ce déluge d'outrages, ils mettent l'image en pièces à coups de pierres et de bâton. Cet Omar en effigie est creux. La statue est remplie d'une quantité de sucreries et de petits bonbons de toute espèce qui s'en échappent. Il semble que c'est une contradiction que toutes ces douceurs contenues dans cette représentation du kalife maudit, auteur de tous les malheurs dont la famille d'Ali a été victime ; et elle ne trouve son explication que dans le simulacre des entrailles d'Omar livrée en pâture au fanatisme des sectaires Chyites. La populace, en effet, se précipite avec rage pour recueillir, en se les arrachant, ces lambeaux de la dépouille du chef de la secte qui se prétend seule orthodoxe.

Ces Tazièhs doivent contribuer puissamment à entretenir le peuple dans son zèle religieux. Pourtant des Persans m'ont assuré que beaucoup de Mollahs étaient contraires à cet usage, alléguant ainsi que faire monter leurs Imâms sur des scènes théâtrales c'est profaner leur sainteté. Peut-être les Mollahs, sous cette susceptibilité spécieuse, cachent-ils la jalousie qu'ils éprouvent de voir ces tragédies faire plus d'impression que leurs plus beaux sermons. Il est certain que des faits représentés avec cette action énergique, et surtout avec l'exaltation toujours croissante des acteurs, sont plus propres à frapper l'esprit de la multitude que les discours les plus habilement préparés.

Après un repos de vingt-deux jours à Tcheran, nous nous mîmes en route pour Ispahan. C'était à la fin de mars, la chaleur commençait à être très-forte; vers le milieu du jour, les rayons du soleil avaient une ardeur qu'augmentait encore, par la réflexion, le terrain blanchâtre et nu sur lequel nous cheminions. Le pays avait un aspect triste et aride; à l'exception de quelques montagnes qu'on apercevait au loin, il n'offrait, de toutes parts, qu'une ligne uniforme qu'aucune éminence n'accidentait. Une sorte de mirage régnait autour de nous et nous empêchait de reconnaître l'horizon réel.

Nos yeux éblouis commencèrent cependant, sur le midi, à distinguer, au-dessus d'une atmosphère bleuâtre et tremblotante, un point brillant qui semblait être l'image du soleil dans un miroir; c'était la coupole d'or de Khoûm. Elle brilla longtemps à nos yeux impatients avant que nous atteignissions la ville, dont l'approche nous fut signalée par plusieurs mausolées qui bordent la route. Cette ville est considérée comme sainte, et beaucoup de personnages dévots la choisissent pour le lieu de leur sépulture. Khoûm a, parmi les villes de Perse, une importance qu'elle doit tout entière à la dévotion des croyants, car elle n'a aucune industrie, si ce n'est celle des poteries communes. Parmi les tombeaux qui attirent les pèlerins dans cette ville, le plus célèbre est celui de Fatmé, petite fille d'Ali, qui vint s'y soustraire aux persécutions des Khalifes de Bagdad. A sa mort, le peuple crut que Dieu l'avait enlevée au ciel, et, quoique vide, sa tombe n'en fut pas moins honorée jusqu'à nos jours. Le mausolée, tout de marbre, d'or et de mosaïques, est entouré d'une grille d'argent massif. De tous côtés se voient des offrandes consistant en armes, pierreries, ou vêtements riches. La coupole a été revêtue de plaques d'or; et c'est elle que nous avions aperçue de loin, brillante comme un astre. Le bras de *Taimour-lenk*, ou Tamerlan, s'est rudement appesanti sur Khoûm. Le héros tartare était orthodoxe et la sainteté de cette cité chyite ou schismatique a pu en être la cause; mais on est en droit, sans calomnier le guerrier turcoman, de le soupçonner d'avoir agi surtout en vue de s'approprier les immenses richesses accumulées par les fidèles dans le sanctuaire de Fatmé.

Après Khoûm ce fut à Kachân que nous fîmes une courte halte. C'est une ville de 30,000 habitants, parmi lesquels on compte un grand nombre de juifs. Il s'y trouve des fabriques d'où sortent des étoffes de soie brochée, des satins, des brocarts d'un très-beau travail et d'une solidité parfaite. On y faisait aussi des velours et des châles ordinaires. Mais les métiers tendent à disparaître, et cette ville est loin aujourd'hui de se faire remarquer par cette activité qui, au temps des princes Sophis, en faisait la première cité manufacturière de la Perse.

Kachân est encore réputé pour avoir d'excellents fruits et des melons qui passent pour les meilleurs du royaume. Il s'y trouve beaucoup de mûriers, restes de ceux qui furent plantés au temps de la splendeur industrielle de cette ville. On y remarque peu d'édifices; ce qu'elle offre de plus remarquable, ce sont ses bazars, ses caravansérails et ses bains. Il n'y a pas de rivière à Kachân, et pour subvenir aux besoins de la population, on y a creusé une très-grande quantité de puits, de canaux et de citernes, alimentés par des cours d'eau souterrains qui y convergent de plusieurs côtés et de très-loin.

Quelques jours plus tard, nous atteignions Ispahan, dont la silhouette incertaine prit peu à peu des formes plus distinctes; la teinte bleuâtre et vaporeuse, dans laquelle se confondaient les divers plans, se nuança selon les couleurs qui leur étaient propres.

Cette ville nous parut avoir une très-grande étendue; mais, comme toutes celles que nous connaissions déjà, le peu de hauteur de ses édifices l'empêchait de se présenter sous un aspect grandiose. C'était une longue ligne de constructions basses, en avant desquelles s'allongeait une muraille grise, et que surmontaient çà et là quelques dômes et minarets émaillés. Le soleil frappait de ses rayons ardents les coupoles luisantes des mosquées miroitant au travers d'une poussière dorée, dont toute la ville semblait enveloppée. Ispahan, tout lumineux et reflété, ressortait merveilleusement sur le bleu sombre des pentes de la montagne qui servait de fond à ce tableau.

Le territoire d'Ispahan est borné, au nord et à l'est, par une chaîne de montagnes qui séparent son territoire des déserts du Khorassân et de Kermân; au nord et à l'ouest, s'élèvent d'autres monts d'un aspect sauvage; ils ouvrent leurs défilés à la route de Chiraz et du golfe Persique. L'âpre physionomie de cette chaîne lui prête un grand caractère; mais l'œil ne s'arrête qu'avec tristesse sur ses pics rocailleux, autour desquels tournoient, en décrivant leurs cercles aériens, les aigles et les vautours, seuls êtres qui vivent à ces hauteurs inaccessibles.

Sur l'une des crêtes les plus élevées s'aperçoivent les restes d'un autel du feu. Les susceptibilités de la religion de Mahomet n'ont pu dépouiller entièrement cette ruine guèbre d'une sorte de vénération traditionnelle que les Persans n'avouent pas, mais qu'ils trahissent en en parlant.

La plaine d'Ispahan est arrosée par plusieurs courants d'eau, dont le plus important est le Zendéroûd. Les eaux de cette rivière, peu profondes en toute saison, se réduisent considérablement en été; mais elles s'étendent sur un lit très-large et capricieusement creusé, lorsqu'à l'hiver les pluies ont gonflé ses affluents, ou qu'au printemps la fonte des neiges sillonne les gorges qu'ils traversent. Le Zendéroûd n'a qu'un parcours de 40 myriamètres environ. Cette rivière est précieuse pour les cultivateurs, qui trouvent dans les nombreuses saignées qu'ils lui font et la distribution de ses eaux par mille canaux irrigateurs des moyens de fertilisation qui lui ont fait donner le nom de *Rivière d'or*.

Ispahan est, sans contredit, l'une des plus grandes villes du monde. L'espace qu'elle occupe n'a pas moins de 40 kilomètres de circonférence. Mais, dans cet immense périmètre, il faut comprendre les faubourgs, villages, palais ou jardins, les uns habités, les autres ruinés, qui sont attenants aux murs d'enceinte; le tout ne faisant qu'une seule et même ville. Cette étendue a fait dire aux Persans ce mot, que son exagération hyperbolique n'a point empêché de rester populaire, *Ispahan est la moitié du monde*.

Sa population a diminué considérablement depuis 200 ans, si le chiffre de 600,000 âmes, que lui ont attribué les voyageurs du xviie siècle, était réel. Cependant il monte encore à plus de 100,000. Malgré la diminution si considérable du nombre de ses habitants, Ispahan a conservé tout l'aspect d'une grande capitale. Vue à quelque distance, au nombre de ses dômes émaillés, de ses élégants minarets, à l'étendue immense qu'elle occupe, il est impossible de ne pas reconnaître tout d'abord en elle une très-grande et très-belle ville. On peut même dire que l'effet qu'elle produit aujourd'hui doit être le même qu'elle produisait au temps de sa plus brillante splendeur.

En Perse, en effet, les maisons ou les quartiers abandonnés n'ont pas extérieurement et ne présentent pas au regard cet aspect triste et délabré qu'ils ont dans nos pays. Les maisons n'ont point de façade sur la rue; rien n'est apparent, et tout ce qui contribue à en rendre l'habitation commode ou agréable, tout ce qui en fait le luxe, se trouve à l'intérieur, et caché derrière des murs qui la dérobent à l'œil du passant. Il en résulte qu'on peut s'y méprendre et parcourir des quartiers entiers sans se douter que les demeures en sont désertes et tombent en ruines. A plus forte raison, quand le voyageur approche d'Ispahan, qu'il aperçoit ses majestueuses mosquées dominer de toutes parts et briller étincelantes au-dessus des mille coupoles des bazars et d'un nombre considérable de palais et d'habitations de toute sorte, peut-il se faire facilement illusion. Ce n'est qu'en pénétrant dans cette grande ville, où se meut trop à l'aise la population amoindrie, et en marchant à travers ses rues solitaires, que l'on comprend tout ce qu'elle a perdu depuis la fin tragique du dernier des Sophis.

Ispahan était une ville secondaire, à l'époque où Châh-Abbas y fixa sa résidence. C'est lui qui en a créé presque tous les édifices et embellissements. Les immenses bazars qui traversent la ville dans toute sa longueur et qui en faisaient un des principaux marchés de l'Asie, sont son ouvrage. Les palais et les mosquées qui scintillent sous des couches d'or et d'émail, dont les murs sont revêtus de peintures et de marbre, tous ces beaux édifices pour lesquels le génie des Persans a prodigué les ressources de son goût original, tandis que le souverain prodiguait des trésors, sont dus à la magnificence de ce grand roi, qui a su mettre ainsi à profit, pour la renaissance des arts, l'exaltation des idées qui avaient déjà politiquement régénéré son peuple.

Les monuments les plus remarquables de la Perse moderne, surtout à Ispahan, ce sont les mosquées. Les architectes y ont employé tout leur savoir, appliqué les inventions les plus élégantes de leur imagination; elles dominent partout la ville; leurs puissantes coupoles s'élèvent majestueusement entre leurs minarets élancés; à ces temples de l'islamisme hétérodoxe, les marbres précieux, l'albâtre, le granit, les émaux, sur lesquels s'entrelacent les arabesques et les maximes du Koran, les voûtes superposées aux stalactites à mille facettes, les arcades élancées qui se courbent et se croisent en décrivant l'ogive arabe. L'homme atteste par ces ouvrages qu'il les a exécutés pénétré de l'idée de Dieu et de la gloire du Créateur de toutes choses. Partout son culte frappe le regard, et la pensée religieuse s'élève au-dessus de la vulgarité de la vie humaine.

Parmi les modèles de l'architecture qui a pris naissance sous les kalifes abassides, celui que l'on peut considérer comme le plus beau type de ces pieux édifices est, sans contredit, la grande mosquée d'Ispahan. A l'extrémité d'une immense place, son portail s'élève entre deux minarets dont l'émail bleu se perd dans l'azur du ciel, avec la voix plaintive et quelque peu céleste du muezzin qui chante : « *Il n'y a d'autre Dieu que Dieu, et Mahomet est son prophète; Ali est le lieutenant du prophète; musulmans, accourez à la prière. Omar et Abou-Beckhr, que vos noms soient maudits !* » Ces dernières paroles, cette sorte d'anathème qui descend de la hauteur des minarets, s'expliquent par le schisme auquel appartiennent les Persans, qui ne reconnaissent comme successeur de Mahomet que son gendre Ali, répudiant avec un fanatisme intolérant toute doctrine enseignée au nom d'Omar ou d'Abou-Beckhr que, de leur côté, les Turcs soutiennent être les seuls légitimes représentants du prophète.

Le porche de la mosquée s'ouvre sous une haute arcade sur laquelle des dessins d'un goût exquis le disputent de grâce et d'éclat sous les fleurs et les arabesques qu'ils figurent. L'ogive gigantesque de cette arcade est dessinée par un faisceau de torsades revêtues d'émaux; elles partent de chaque côté d'une base découpée dans un bloc de marbre onyx figurant un grand vase. De riches tympans ornementés, sur le fond desquels courent et s'enchevêtrent les tiges gracieuses de fleurs de toute couleur en émail, accompagnent cette arcade. De longues tablettes de porcelaine bleue, sur lesquelles ressortent en blanc des versets du Koran, forment un cadre splendide à cette majestueuse entrée. A sa partie supérieure une demi-coupole redescend du sommet sur les trois côtés, en stalactites brillantes. Sous cette voûte, des cannelures gracieuses et variées, des dentelures élégantes se marient à la richesse des pendentifs d'albâtre et d'or.

De là on pénètre dans le cloître intérieur; c'est une vaste cour carrée, au centre de laquelle est un bassin pour les ablutions. Autour s'ouvrent des arcades qui sont autant de cellules ou d'écoles où les Mollahs varient l'enseignement de leurs disciples, en mêlant l'astrologie ou la lecture des poésies de Saadi et d'Hafiz aux arguties et aux commentaires les plus subtils du Koran, qui est pour eux le livre par excellence, les tables de la loi musulmane.

Sur un des côtés de cette cour intérieure, s'ouvre le sanctuaire ou lieu réservé à ceux qui viennent prier; un demi-jour l'éclaire à peine, de façon à ne pas troubler, par une clarté trop vive, le recueillement qu'exige la prière. Les murs élevés et les pilastres épais sur lesquels s'appuie, pour mieux s'élancer, le dôme gigantesque qui couvre ce sanctuaire, sont ornés à la base de larges plaques de jaspe ou d'onyx, et entièrement revêtus d'émaux dont les mosaïques richement coloriées forment une variété infinie d'arabesques d'un goût remarquable et d'un dessin aussi pur qu'original. Le tout est entremêlé de longues et élégantes inscriptions à travers lesquelles serpentent des guirlandes de fleurs, et qui rappellent les sentences choisies dans le livre du Prophète.

La grande mosquée d'Ispahan, qui est due à Châh-Abbas, fut construite au commencement du xviie siècle. Il y fut dépensé, par ce souverain magnifique, plus de 50,000 toûmans royaux, qui équivalent à un million et demi de francs environ, somme énorme pour un pays où la main-d'œuvre est peu coûteuse.

Près de cette mosquée se dresse l'entrée du palais que le même Châh-Abbas fit élever pour abriter sa royale grandeur. Cette habitation est toute une ville composée de plusieurs demeures, de kiosques, de jardins, enfermés dans une enceinte très-étendue. Tout cet ensemble resplendissant de richesse et d'ornementation, animé par la cour du Louis XIV persan, devait être magnifique : mais aujourd'hui on n'y retrouve ni la magnificence, ni la pompe que le luxe oriental et le faste particulier aux Sophis étalaient jadis dans ce vaste palais. Le cœur se serre en y errant au milieu des ruines qui le couvrent.

Côtoyant les murs qui servent de clôture à cette résidence royale déchue et abandonnée, s'allonge une magnifique allée de platanes qui s'étend jusqu'au rivage du Zendéroûd, rivière qui baigne le territoire d'Ispahan. On la franchit sur un beau pont en briques qui fait honneur à l'art et à la science de l'architecte qui l'a assis sur trente-trois arches, dont la partie inférieure est faite de gros blocs de pierre très-dure. La chaussée de ce pont est horizontale et elle est flanquée, de chaque côté, d'une galerie formée de soixante-dix arcades entre lesquelles les piétons peuvent traverser la rivière. Il y a, en amont de cet ouvrage, un autre pont conçu de la même façon, à quelques détails près, et qui forme, avec le premier, deux types uniques dans le monde.

Tout ce que le territoire d'Ispahan offre de remarquable n'est pas renfermé dans ses murs. Plusieurs sites ou monuments de ses environs méritent une attention particulière. Au sud, notamment, et sur les rives du Zendéroûd, se trouvent, presque sans intervalle et sur une étendue de plusieurs kilomètres, des faubourgs joints à des villages auxquels succèdent d'autres villages. Parmi les localités de noms divers qui forment les annexes considérables de l'ancienne capitale des Sophis, est en première ligne Djoulfah. Cette ville, car elle mérite ce nom, doit sa fondation à Châh-Abbas le Grand, qui y transporta toute une population qu'il enleva à son pays natal, l'Arménie. Ces nouveaux sujets du roi Perse, habiles, industrieux et auxquels il fut fait certains avantages pour les aider à fonder une cité chrétienne à côté de celle des musulmans, y créèrent de grandes et belles habitations avec cours et jardins. Ils ne reculèrent devant aucune difficulté pour satisfaire à leurs besoins et ajouter aux agréments de leur séjour. Ils firent au Zendéroûd de larges saignées qui amènent encore aujourd'hui l'eau de cette rivière dans la plupart des rues de la ville arménienne. Afin de mieux habituer cette population au sol où il l'avait transplantée, Châh-Abbas voulut que le nom de son pays d'origine fût conservé, et ce fut ainsi que la nouvelle ville fut appelée Djoulfah.

Le grand prince qui régnait alors sur la Perse, et dont les volontés étaient toujours inspirées par une politique habile, alla, dit-on, jusqu'à faire aux Arméniens de Djoulfah de fortes avances de fonds pour les aider dans le commerce qui était leur principale industrie. En peu de temps la cité chrétienne devint florissante, les familles industrieuses s'enrichirent, quelques-unes même devinrent très-opulentes. Malheureusement les successeurs de Châh-Abbas ne surent pas tenir le gouvernement de la Perse à la hauteur où ce souverain l'avait placé, et les Arméniens subirent les effets de la faiblesse et aussi des préjugés religieux auxquels les derniers Sophis se laissèrent aller. Djoulfah perdit d'abord les priviléges qui lui avaient été octroyés. Les familles riches furent l'objet de la cupidité des grands du royaume, ou de la jalousie des Mollahs, et elles furent dépouillées de leurs biens. La conséquence des spoliations et des vexations auxquelles furent en butte les Arméniens amena de leur part une émigration, et un grand nombre passant l'Araxe, en 1747, allèrent s'établir en Géorgie. Ces faits ne furent pas seulement un grand mal dont la population de Djoulfah eut à souffrir; cette ville aussi s'en ressentit, et elle ne tarda pas à se couvrir de ruines. En cela d'ailleurs elle devint semblable à la cité de l'Islam, à Ispahan lui-même.

On peut considérer Ispahan comme étant, non pas le centre de l'univers, comme se plaisent à le dire les Persans dans leur phraséologie ampoulée et prétentieuse, mais comme le centre de la Perse. C'est aussi le lieu où se rencontre le climat moyen du royaume; on n'y est pas exposé aux froids rigoureux des provinces du nord, et l'on n'a pas à y endurer les chaleurs intolérables de celles du sud. Nous avions éprouvé les neiges de la Perse septentrionale au cœur de l'hiver, et nous ne devions pas affronter les vents brûlants de la contrée que les Persans appellent *Guermsir* au pays de la chaleur. L'été tirait à sa fin quand nous nous mîmes en route pour aller vers le golfe Persique, et si le mercure s'élevait encore haut dans le tube du thermomètre, la température était très-supportable.

En quittant Ispahan pour prendre la route de Chiraz on doit franchir un rideau de montagnes qui sépare le territoire de la vieille capitale de celui qui s'étend vers la seconde de ces villes. La première étape est longue et c'est par un défilé sauvage, abrupte, qu'après dix heures de route on atteint péniblement un caravansérail. Ce lieu de halte a été un des plus beaux qui se trouvent en Perse. Les voyageurs le doivent, dit-on, à la mère du roi Châh-Abbas. Il a été construit non-seulement de manière à satisfaire aux habitudes et aux besoins des Persans en voyage, mais avec une élégance qui en faisait un monument remarquable dans son genre. En dépit du nom qui s'y rattache et de son utilité pour les nombreuses caravanes qui s'y arrêtent, cet édifice est déjà délabré et tombera bientôt en ruine. Dehors, est une citerne où l'eau se maintient encore. En face est un village où l'on trouve tout ce dont on peut avoir besoin en fait d'aliments ou de provende pour les animaux. A partir de ce caravansérail, il est impossible de suivre en aucun pays une route plus monotone ni plus désolée; en Perse même, pays de plaines immenses et stériles, ou de montagnes sauvages et arides, on en trouverait difficilement une aussi triste. Nous avions l'espoir que, sur cette grande voie commerciale, cette artère principale de l'économie vitale de la Perse, nous rencontrerions beaucoup de caravanes. Nous pensions traverser de nombreux villages, voir des campagnes couvertes de pâturages ou de rizières, des champs d'orge, de blé et de tabac. Notre espoir fut trompé; nous n'y vîmes que quelques hameaux rares et misérables, autour d'eux quelques arpents de verdure, et pendant de longues journées des déserts sans fin, où poussent péniblement quelques touffes de genêts épineux que broutent quelques troupeaux de gazelles, seuls êtres qui animent, de loin en loin, ces solitudes. Le chemin est à peine frayé par les chameaux et les mulets. Ce sont les pieds de ces animaux qui marquent la trace qu'il faut suivre à travers les plaines sans bornes. Si on la perd, rien ne peut la faire retrouver, aucun indice n'y ramènerait. Aucun jalon, en effet, n'indique la direction à prendre sur cette mer solide, dont l'horizon inabordable n'est que l'effet trompeur d'un mirage lointain, produit par les sels en évaporation qui blanchissent et miroitent à la surface du sol. A gauche, la vue se perd ainsi dans l'immensité du désert de Kermân, qui se confond avec le ciel dans une vapeur condensée et brûlante. A droite, l'œil cherche en vain quelque chose qui le charme; il se retire avec tristesse des montagnes âpres et nues dans les gorges desquelles se cachent ces voleurs intrépides qui, sous le nom de *Baclyaris,* sont la terreur de cette contrée et des caravanes qui la traversent. Sur cette route inhospitalière le voyageur souvent ne peut rien trouver. Il doit, par précaution, tout porter avec lui, jusqu'à l'eau; car, pendant et après l'été, les ruisseaux n'ont plus de cours, une croûte salpêtrée en couvre les bords; les citernes ne présentent plus qu'un fond de vase desséchée et puante.

Il y avait dix jours que nous marchions quand nous arrivâmes devant un monument présentant tous les caractères de l'antiquité. Les Persans lui donnent le nom de *Mâder-i-Suleiman.* Il s'élève au milieu de quelques ruines que les archéologues attribuent à l'ancienne ville de *Passargade,* fondée par Cyrus. Tout dans ces restes atteste, il est vrai, l'âge reculé de leur origine; mais rien ne saurait prouver d'une manière certaine qu'ils sont bien ceux qu'on y croit généralement voir. Quoi qu'il en soit, le monument qu'on y retrouve est un mausolée aux formes massives et sévères. En même temps qu'elles lui ont donné de la grandeur, elles en ont assuré la conservation, car il est presque complet, au moins extérieurement. Sa masse s'élève d'une dizaine de mètres au dessus de sa fondation. Elle se divise en deux portions à peu près égales : l'une, qui se compose de six degrés en retraite les uns sur les autres, sert de base ou de socle à la seconde qui constitue la chambre funéraire. Celle-ci est rectangulaire et formée, comme les gradins, d'énormes blocs de calcaire blanc d'un très-beau poli. Cette partie se termine par un faîtage dont les deux faces les plus étroites présentent chacune un fronton.

Le monument est orienté de telle sorte que l'entrée s'en trouve au nord-ouest. Elle consiste en une petite porte encadrée d'un chambranle et d'une corniche. Bien que les moulures en soient en grande partie brisées, on n'en reconnaît pas moins le style, qui est celui des profils grecs. Le peu de hauteur donné à la porte de ce tombeau oblige à se courber pour pénétrer à l'intérieur. Quand on a passé cette porte, on se trouve d'abord dans une espèce de petite antichambre très-étroite, au-delà de laquelle est une seconde porte, qui n'ouvrait sans doute que quand la première était fermée, afin que la lumière extérieure et le bruit ou la vue ne pénétrassent pas du dehors dans la partie secrète, qui est oblongue et plafonnée au moyen de trois assises reposant sur les murs latéraux. C'est dans cette chambre sépulcrale qu'était le sarcophage, ou du moins la dépouille mortelle qu'on y avait renfermée, car il ne reste aucun indice de ce qui pouvait la contenir. Ses murailles, aujourd'hui enfumées, ne trahissent aucune trace de sculpture, ni d'inscription. Cependant comment croire que ceux qui ont élevé ce monument n'ont pas, avec le corps qu'ils y ont déposé, gravé quelques lignes en son honneur? A travers les guerres et les invasions de toute sorte qu'a eues à subir la Perse depuis l'érection de ce monument, cette tombe a dû être plusieurs fois violée et saccagée. On doit penser que c'est après la disparition de tout ce qu'elle renfermait, que les musulmans se sont avisés d'en faire le lieu de pèlerinage qu'ils ont placé sous l'invocation de ce qu'ils appellent *Mâder-i-Suleiman.* Autour sont quelques fûts de colonnes debout; mais en les examinant on doute qu'elles soient à leur place primitive et de la même époque que le mausolée. A quelque distance, vers le milieu de la plaine, s'élèvent trois piliers et une colonne, restes d'un édifice qui a dû être ou un temple ou un palais. A la surface du sol s'aperçoivent des fondations d'autres colonnes et de piliers, qui donnent à penser que là fut une construction importante. Ces restes se rattachent à d'autres vestiges, ou à des mouvements de terrain qui peuvent recéler quelques ruines, et tout cet ensemble rappelle très-probablement une cité de l'antiquité.

En quittant cette localité pour continuer notre route vers Chiraz, nous eûmes à suivre un long défilé que parcourt aussi un ruisseau dont les eaux se sont frayé péniblement un passage à travers les rochers. Le chemin le traverse fréquemment et c'est avec bien des peines et au prix de dures fatigues que bêtes et gens laissent derrière eux ce passage difficile.

Après dix heures de marche, on débouche dans un pays ouvert, célèbre par l'importance et le nombre des restes antiques qui s'y sont conservés à travers les siècles. On est là sur l'un des points les plus riches en souvenirs de l'antiquité, qui rappellent à la fois la grandeur des Achéménides et les malheurs du dernier de ces princes, qui ne put arrêter Alexandre dans le cours impétueux de sa marche et de ses rapides conquêtes.

C'est à l'une des extrémités de la vaste plaine appelée Merdâcht que s'élèvent d'un côté la nécropole des anciens rois de la Perse, et que de l'autre se dressent encore debout quelques-unes des colonnes et des grands piliers sculptés qui faisaient partie du vaste palais de Persépolis. Ce dernier groupe des ruines est dénommé aujourd'hui par les Persans *Takht-i-Djemchid*, littéralement *trône de Djemchid,* ou, en d'autres termes, *Palais de Djemchid.* Ils lui donnent aussi le nom de *Tchehel-Minar, Tchehel-Sutoûn,* les *Quarante colonnes,* par allusion au grand nombre de colonnes qui étaient comprises autrefois dans cette demeure royale. Mais ce nombre de *quarante* est tout à fait arbitraire, car on en comptait jadis bien davantage, et celles qui sont restées debout ne sont pas plus de seize.

Au pied d'une montagne, dont la base s'élargit en suivant une pente douce, s'étale un vaste plateau en partie produit par le rocher, en partie construit avec de gros blocs de pierre rapportés pour établir le niveau du sol, sur lequel reposent les ruines encore majestueuses de *Takht-i-Djemchid.* La position avait été admirablement choisie : adossé à la montagne, entouré de trois côtés par une ceinture de rochers élevés, le palais était parfaitement abrité contre les intempéries qu'auraient pu lui apporter les vents du nord venant des régions caspiennes, ou qui auraient pu fondre des steppes du désert de Khorassan à l'est. Exposé obliquement au sud et faisant face à l'ouest, il recevait indirectement les rayons du soleil dont l'ardeur, brisée par cette orientation, ne faisait qu'attiédir l'air qui circulait sous les vastes portiques.

L'élévation de la terrasse sur laquelle a été construit le palais n'a pas varié, grâce au sol rocheux qui lui sert de base. Sa hauteur dépasse 10 mètres; sa longueur du nord au sud est de 473 mètres; et sa largeur se mesure par 286 mètres de l'est à l'ouest. Le plateau n'a pas un niveau constant; il est accidenté par plusieurs plates-formes sur lesquelles furent élevés les divers édifices dont se composait cette demeure royale.

Les restes du magnifique palais d'où Darius, vaincu et fugitif, s'échappa pour aller mourir sous le poignard d'un traître, ainsi disposés, sont peu de chose actuellement, comparés à ce qu'ils devaient être au temps du dernier prince qui s'abrita sur leur faîte. Néanmoins ce que l'on en retrouve excite encore l'étonnement et inspire un sentiment d'admiration pour une civilisation qui a su créer de si pompeux monuments, leur imprimer un tel caractère de grandeur, et leur donner une solidité qui a permis à certaines parties de résister jusqu'à nos jours, à travers vingt-deux siècles et tant de révolutions qui ont dévasté la Perse. Tout est grand d'ailleurs et saisissant dans l'austère paysage qui sert d'encadrement à *Takht i Djemchid* : l'immensité de la plaine que domine l'antique palais, les lignes majestueuses des montagnes dont l'aspect change à chaque heure du jour, la pureté de l'atmosphère, l'azur d'un ciel profond, et jusqu'au silence de ces lieux inhabités.

Rien ne peut donner une idée de cet ensemble solennel que découvre le voyageur placé en face de ces monuments : vis-à-vis, le Palais des Rois, ruiné, désert, s'élève et s'étend du pied de la montagne vers la plaine verdoyante, surmontant une longue muraille coupée par un gigantesque escalier à rampe double; en haut un groupe de colonnes élégantes soutiennent encore quelques débris de leurs chapiteaux aériens; à gauche, de massifs piliers portent des colosses imposants qui gardaient l'entrée de la demeure royale; à droite, ce sont d'autres palais en ruines, dont les murs sculptés se détachent d'abord en noir dans un milieu lumineux, puis se colorent peu à peu sous les rayons d'un soleil ardent. Au fond, entre les colonnes, l'œil découvre encore d'autres ruines, des masses de pierre couvertes de figures symboliques; et dans la brume bleuâtre de cette atmosphère tranquille on aperçoit des cavernes sépulcrales creusées dans le flanc de la montagne qui sert de fond à cette scène imposante.

Si l'on pénètre au milieu de ces débris épars, qui attestent la grandeur et la magnificence d'un âge reculé, c'est par un gigantesque escalier à deux rampes divergentes qui ont 58 degrés, en haut desquelles sont deux paliers sur lesquels s'ouvrent et montent, en sens inverse des deux premières, deux autres rampes de même largeur ayant 48 marches chacune, et dont la hauteur permet de les monter ou descendre à cheval.

Arrivé sur le dernier palier supérieur, on se trouve en face de deux taureaux gigantesques sculptés en demi ronde-bosse dans la masse de deux énormes pylônes. Ils font pendants à deux autres du même genre disposés inversement, et formaient avec eux deux magnifiques portes qui étaient séparées par un groupe de colonnes entre lesquelles circulaient les visiteurs avant d'être introduits dans le palais. Le voyageur aujourd'hui, comme autrefois le courtisan ou le solliciteur, après avoir franchi ce portique, doit tourner au sud pour arriver aux autres parties de l'édifice. De ce côté se dressent, au milieu des débris d'un grand nombre d'autres, treize colonnes restées debout, et qui paraissent avoir appartenu à une salle grandiose qui devait être celle où siégeait dans toute sa gloire le roi des rois. On y arrive encore par quatre escaliers, dont deux sont au milieu et deux autres aux extrémités d'un mur de soutènement ou socle couvert de bas-reliefs, qui borde la terrasse élevée de quelques mètres sur laquelle était assis ce vaste portique, ou cette salle du trône, le *takht*, comme disent les Persans.

De chaque côté du perron du milieu, le mur s'étendait sur une longueur de seize mètres; il est divisé en trois champs dans lesquels sont rangés processionnellement des personnages et des animaux s'avançant vers le centre, variés de costumes et semblant porter et vouloir offrir des présents. Ces séries de figures, tant de droite que de gauche, sont précédées et accompagnées de gardes, la pique à la main. Ces sculptures sont traitées, surtout dans les détails, avec beaucoup d'art et avec une délicatesse de ciseau qui fait honneur aux praticiens qui les ont exécutées. Mais leur conception, comme leur disposition, ne semble pas originale, et elles rappellent les ouvrages du même genre retrouvés sur les murs du palais assyrien de Khorsabad. Il est donc présumable, pour ne pas dire prouvé par la similitude de ceux-ci avec les bas-reliefs de Persépolis, que les sculpteurs perses se sont inspirés des œuvres exécutées par leurs devanciers pour orner les monuments des successeurs de Sémiramis et de Ninus.

Pénétrant plus avant, on arrive à une salle carrée avec laquelle communiquent d'autres pièces plus petites, sur le sol desquelles on découvre la semelle des colonnes qui devaient en supporter la toiture. Au pourtour de ces salles s'ouvraient plusieurs portes et fenêtres qui avaient pour jambages des blocs de basalte très-épais, restés en place au milieu des décombres et de la terre qui en recouvrent le pied. Toutes ces ouvertures sont formées de deux piédroits, d'un seul bloc chacun, sur lesquels repose comme linteau un troisième bloc orné d'une corniche. Toutes les portes de ces appartements sont ornées de sculptures représentant des scènes différentes : les unes qui rappellent la grandeur et la majesté du souverain, les autres qui se rapportent à certains mystères du culte idolâtre des anciens Perses.

À l'aspect de ces vestiges imposants, et encore si résistants, de ces grands édifices, on se demande comment ont disparu toutes les parties qu'on ne retrouve plus sur le plateau solide qui leur a servi de base; mais l'explication s'en trouve dans les traces de feu qu'on découvre presque partout; et l'histoire d'ailleurs ne raconte-t-elle pas les prouesses de la courtisane Taïs qui, dans l'orgie de la victoire, dans la salle même du trône de Darius, mit aux mains du héros macédonien la torche incendiaire qui allait faire abîmer dans ses cendres ce magnifique palais, sur lequel Alexandre voulait venger les affronts faits par la Perse à la Grèce, en faisant de la destruction de Persépolis par le feu les représailles de l'incendie d'Athènes par Xercès.

Les fondateurs de cette royale habitation n'avaient pas pensé seulement au séjour qu'ils auraient à y faire durant leur vie, ils avaient encore songé à s'y préparer une sépulture digne de leur rang et en harmonie avec les lieux qu'ils avaient habités. Cette idée d'élever des monuments funéraires somptueux et durables est commune à presque tous les peuples; mais, en aucun pays, elle n'a été réalisée dans des conditions semblables à celles des tombes royales de Persépolis. Généralement les sépultures sont éloignées ou du moins placées en dehors de l'enceinte des lieux où avaient vécu ceux qui devaient les occuper. C'est ainsi que les pyramides ou les cavernes sépulcrales de l'Égypte furent élevées au milieu des plaines sablonneuses d'Alexandrie, ou creusées dans les montagnes solitaires de la chaîne libique. Les hypogées des princes Achéménides, au contraire, faisaient en quelque sorte partie de leur demeure, et mêlaient la sévère ordonnance de leur ornementation funèbre à la richesse et à l'éclat de ces palais où la puissance du souverain de Perse avait déployé tant d'art et de luxe.

Deux tombes avaient été disposées sur la pente de la montagne qui forme l'enceinte du palais à l'est. Elle ont été creusées dans la roche vive; aucune pièce rapportée ne figure dans leur façade, ornée de figures architecturales et de bas-reliefs. C'est le rocher même qui a été taillé et sculpté selon l'usage antique, et d'après la coutume particulière aux Perses. Il est probable que, si ces sépulcres n'étaient pas précisément inaccessibles, ils n'étaient cependant pas mis, d'une manière ostensible, en communication avec les palais; aucun escalier n'y conduisait, et, quoiqu'on aperçoive çà et là les traces d'un sentier qui a été pratiqué dans le roc, il est à peu près impossible d'y atteindre sans le secours d'échelle.

L'intérieur de ces tombeaux est d'une simplicité qui contraste avec la façade toute ornée de sculptures. On y pénètre par une porte basse qui vraisemblablement était murée après l'introduction du dépôt sacré confié au caveau, au centre duquel est un sarcophage taillé et creusé dans le roc, ainsi que toutes les autres parties du monument.

Sur le territoire de Persépolis, et au nord de la plaine de Merdâcht, on voit d'autres tombeaux du même genre, qui ont, comme celui que nous venons de décrire, renfermé la dépouille de plusieurs princes ou autres personnages de la grande famille des Achéménides. Il est probable que c'est à ces cavernes élevées, creusées à flanc de roches à pic, et inaccessibles, que furent confiés les restes des Darius, des Xercès et des autres rois kaïaniens dont l'origine remonte à cinq siècles avant notre ère. Au devant des ouvertures, et sur toute la largeur de la façade de ces hypogées, est une plate-forme large de 2 mètres environ. C'était sans doute là que, comme le raconte Hérodote : *les Perses exposaient les cadavres, à l'abri de la voracité des chiens et des bêtes féroces, mais où les oiseaux de proie pouvaient venir s'abattre et en arracher les lambeaux de chair. Lorsque les aigles et les vautours avaient ainsi dépecé les corps, et que leur bec avait parfaitement nettoyé le squelette, ils le portaient au lieu de sa sépulture.*

Après avoir salué une dernière fois les ruines vénérables de Persepolis, au milieu desquelles nous avions campé un mois et demi, nous reprîmes la route de Chiraz, que nous atteignîmes vers le milieu de la seconde journée. Nous y fîmes notre entrée par une porte ouvrant sur la vaste galerie d'un bazar bien construit, très-large, l'un des plus beaux que nous eussions vus en Perse. Après mille détours à travers des quartiers qui ne nous impressionnèrent pas favorablement, nous arrivâmes à celui des chrétiens, où nous devions chercher un gîte. Nous le trouvâmes chez un jeune Arménien qui faisait le commerce du vin, qui est fort bon à Chiraz et très-estimé. On l'exporte aux Indes, où il est recherché presque à l'égal du madère et du xérès, avec lesquels il a une grande analogie.

Chiraz est la capitale de la province qui porte le nom de *Fars*. Cette ville a toujours passé pour l'une des plus importantes et des plus florissantes de la Perse. Elle est également l'une des plus industrieuses, et, parmi ses divers produits, les armes qu'on y fabrique et le tabac qui s'y récolte jouissent d'une grande réputation. Les habitants passent pour les plus aimables des Persans, pour ceux qui ont le plus d'instruction et parlent le plus purement le *farsi* ou la langue persane. Il faut ajouter, et c'est sans doute par suite de cette renommée, qu'ils sont les plus vaniteux : être un *Chirasi*, c'est tout dire, et ce n'est ni le *Teherani*, ni l'*Ispahani* qui peut être son rival. Chiraz s'honore d'avoir donné le jour aux deux poëtes les plus populaires en Orient, *Saadi* et *Hafiz*, dont les œuvres sont connues de tout Persan qui se pique de littérature. Les sépultures de ces deux hommes dont se glorifie la Perse sont, dans les environs de la ville, un but de pèlerinage pour les lettrés ou *mirzas*, qui vont y rendre un pieux hommage à la mémoire de ces deux auteurs favoris de leur pays.

Chiraz était notre dernière grande étape jusqu'au golfe Persique; à partir de cette ville nous ne devions plus en trouver d'importante. Pour nous y rendre, et avant de descendre dans la région basse qui borde la mer, nous avions à traverser plusieurs chaînes de montagnes. Presqu'au sortir du chef-lieu de la province de Fars, où nous avions fait une halte de quelques jours, nous pénétrâmes dans une gorge où, pendant de longues heures, nous suivîmes un chemin aussi âpre que triste. A l'issue de ce défilé s'ouvrait une vallée étroite, mais longue, dans laquelle une forte rivière s'écoulait tortueuse et divisée, dont les bords étaient couverts de broussailles hautes et épaisses. Nous étions prévenus que la route de chaque jour serait pénible, ce qui était bien justifié par les difficultés que nous rencontrions; nous escaladions des montagnes avec la plus grande fatigue pour nos montures qui, par la roideur des pentes à descendre sur le versant opposé, avaient beaucoup de peine à se retenir sur leurs jarrets énervés. Leur sabot glissait sur le roc sec et uni des sentiers à peine frayés, il roulait sur les cailloux qui, à chaque instant, faisaient trébucher nos bêtes avec le danger d'être, au moindre faux pas, précipitées dans des abîmes sans fond. C'était chose curieuse que de voir parfois les muletiers se cramponner de toute leur force à la queue de leurs animaux, et les retenir pour leur éviter des chutes qui eussent été leur perte. Nous étions dans la saison des orages qui grondent à l'entrée de l'hiver sur cette partie méridionale de la Perse, et il nous arriva souvent, en gravissant une chaîne de montagnes, de pénétrer dans la région supérieure où les éclairs, la foudre et la grêle, faisant rage autour de nous, nous aveuglaient au point de ne rien distinguer. Nous montions toujours, et le fracas du tonnerre s'entendait au-dessous de nous, tandis que sur notre tête s'étendait radieux un ciel du plus bel azur. Puis, redescendant la pente opposée à celle que nous venions de gravir, nous rentrions peu à peu dans les nuages, dont nous traversions de nouveau les couches, illuminées par l'électricité et sillonnées avec fureur par une grêle ou une averse qui aurait pu très-justement être comparée à des hallebardes.

Ce fut ainsi, et après de telles péripéties, que nous arrivâmes dans la petite ville de *Kâzéroûn*. La contrée n'avait plus l'aspect de celles que nous avions parcourues jusqu'alors. On se sentait dans une région chaude, méridionale. Le soleil, quoiqu'au mois de décembre, y avait de la force, et la végétation indiquait une zône où l'hiver était inconnu. Là les dattiers formaient de grandes masses de feuillage toujours vert, au-dessus des orangers, des citroniers et des grenadiers. Le voisinage de Kâzéroûn est célèbre par des sculptures de l'époque sassanide. Ce sont de grands bas—reliefs presque tous en l'honneur de Sapor, que les Persans appellent *Châpour*. Il y avait autrefois, près de ces monuments, une ville qui portait le nom de ce prince. Mais ses ruines ne présentent plus aux recherches de l'archéologue rien d'intéressant que le souvenir du vainqueur de l'empereur Valérien. Une autre célébrité s'attache à cette localité : elle est due à la férocité des peuplades à demi nomades qui l'habitent principalement l'hiver, et se retirent dans la montagne pendant l'été. Sous le nom de *Mamacenis*, elles forment une tribu nombreuse qui se livre au brigandage, vit dans l'indépendance vis-à-vis des représentants du Châh, donnant souvent lieu à des expéditions militaires pour punir ses méfaits et le réduire à l'obéissance, ce qui a toujours été difficile et a coûté beaucoup de sang aux troupes royales.

Après plusieurs jours passés à explorer les restes de l'antiquité sassanide conservés près de *Kazeroûn*, nous eûmes à franchir la dernière chaîne qui nous séparait du pays plat s'étendant de la base des montagnes vers le littoral que baigne le flot du golfe Persique. Nous ne tardâmes pas à mettre le pied dans la plaine immense qui s'étend vers le sud-ouest jusqu'à *Bender-Bouchir*, se confond à l'ouest avec le désert d'Arabie, et va dans l'est se perdre jusqu'aux frontières de l'Inde. Un vaste horizon s'ouvrait devant nous, et pour la première fois, depuis notre départ de Trébizonde, nous apparaissait un pays que ne bornaient ni montagnes, ni rochers.

Trois jours après être sortis de la dernière gorge de la dernière chaîne des montagnes qui terminent le haut pays, nous cheminions sur une plaine de sable, mouillée ou couverte de sel. Sur notre droite, à l'ouest, d'immenses marécages s'étendaient jusqu'à la mer. Ils produisaient, par leur évaporation, un mirage singulier au-dessus duquel nous croyions voir une foule de mâts et de navires. Le sol, quoique plus solide sur notre gauche, était submergé par place. Nous étions obligés de marcher avec précaution sur un chemin étroit où, bien que le sable fût plus ferme et plus sec, on n'en sentait pas moins, par intervalles, que les eaux s'infiltraient à une certaine profondeur. Aussi arrivait-il parfois que nos chevaux s'y enfonçaient jusqu'à mi-jambes. Toute cette région basse et envahie par les eaux de la mer qui la pénètrent, était couverte de bandes innombrables d'oiseaux aquatiques et de perdrix du désert qu'on appelle *fohoû*. Elles se réunissent par milliers, s'élèvent très-haut, et, quand on les voit venir de loin elles font l'effet d'un nuage.

Longtemps avant d'atteindre *Bouchir*, le mirage nous faisait croire à la proximité de cette ville. L'effet d'optique qui nous trompait grandissait démesurément tous les objets, en les rapprochant d'une façon surprenante. De petites barques qui étaient dans le port prenaient la dimension de vaisseaux de haut bord, et les pauvres murailles en briques de la ville semblaient être à notre portée. Mais ces images fallacieuses fuyaient toujours devant nous, et il fallut quelques heures passées à leur poursuite avant qu'elles s'évanouissent, et que la réalité vînt rendre à chaque chose ses proportions vraies et sa forme réelle.

Il y avait sept heures que nous poursuivions ces fantômes quand enfin *Bender-Bouchir* se dessina assez nettement à nos yeux pour que nous vissions combien cette ville était misérable. Son véritable nom est *Bender-Abou-Cheher*, littéralement *port du grand-père*. Ce sont les Arabes qui l'ont ainsi appelée, comme ce sont eux qui l'ont fondée. Toutes les villes qui, placées sur cette côte, permettent aux navires d'y aborder, sont d'origine arabe. Les Persans ont toujours eu horreur de la mer et de la navigation. Retirés dans les terres, et n'approchant qu'avec répugnance des sables baignés par le flot, ils ont abandonné d'abord aux Arabes, plus tard à des Européens, le soin de tirer parti des rares endroits que leur côte pouvait offrir comme ports à la navigation et au commerce maritime. Ainsi, dans tout le cours de la longue histoire de Perse, l'on ne voit jamais cette nation, je ne dirai pas figurer comme puissance navale, mais seulement déployer quelques voiles sur les mers qui baignent les rivages au nord et au sud.

Bouchir est d'ailleurs un très-mauvais port et se trouve privé de rade. La plage est fort basse, les sables qui la forment s'avancent très-loin dans la mer, et retiennent les navires éloignés de la côte. Il en résulte qu'ils doivent rester au large, sans abri, et qu'au moindre coup de vent ils sont obligés de lever l'ancre. Il n'y a que les barques arabes, appelées *bagalos* ou *battils*, qui puissent s'approcher du quai. C'est, au reste, par ces bâtiments légers et d'un faible tonnage que se fait presque exclusivement le commerce de Bouchir avec Bassorah, Bombay ou Mascat. Ces barques sont pontées ; elles ont, à l'arrière, une chambre pour le patron, et ne portent qu'une voile très-grande attachée à une vergue démesurément longue. Elles naviguent lourdement, mais assez sûrement, en raison de l'excessive prudence des marins du golfe. Ils ne s'éloignent jamais de terre ; et quand ils pressentent un temps un peu gros, ou ils ne partent pas, ou ils l'évitent en se réfugiant dans quelque crique. Ces bâtiments varient de capacité, depuis trente jusqu'à cent tonneaux. Un certain nombre porte le pavillon anglais. Parmi ceux qui font le cabotage de cette petite mer, huit à dix appartiennent à des négociants de cette ville. C'est avec cette faible marine qu'ils trafiquent dans le golfe et jusque dans la mer des Indes. Ils se chargent également de porter des passagers, notamment à Bassorah, où se réunissent annuellement un assez grand nombre de pèlerins persans et indiens qui de là se rendent à la Mecque. Tous les *hadjis* qui vont et viennent ne laissent pas de donner quelque animation à Bouchir.

Les transactions commerciales y sont fort restreintes. Les Anglais y importent beaucoup d'articles de leurs manufactures ; et ils ont, par leur voisinage et leur nombreuse marine, le monopole du commerce dans ce port. Quant au négoce d'exportation, il consiste principalement en denrées à l'usage des orientaux : telles que du tabac pour Kalioûn, appelé Tombeki, que Chiraz produit en abondance, des tapis, des étoffes de soie ou de laine de Kerman et de Yezd, des cotonnades fabriquées à Ispahan, à Kachan. Si l'on ajoute à cela quelques centaines de chevaux envoyés aux Indes, des armes de toute espèce, une assez forte quantité de vin de Chiraz également dirigé vers Bombay, avec de la soie grége et quelques drogues, on a un aperçu des principaux éléments du trafic qui prête un peu de vie au port de Bender-Bouchir.

Le climat, comme celui de tout le *Guermsir* ou *pays de la chaleur*, y est très-insalubre, surtout l'été. Dans cette saison il souffle fréquemment sur cette côte, ainsi que dans la vaste plaine de l'Euphrate et du Tigre, un air que l'on dit mortel. Ces courants atmosphériques ont une très-grande violence. Ils sont brûlants, et portent, en effet, souvent la mort avec eux. Il est fréquemment arrivé que des individus ne pouvant s'abriter dans ces solitudes, en ont été asphyxiés. Cet effet mortel paraît dû à des miasmes méphitiques que les courants, venant dans certaines directions, entraînent en passant sur des lieux infectés de matières délétères. On croit pouvoir attribuer cette propriété malfaisante à des sources de bitume, de naphte ou de pétrole qui se trouvent, en effet, dans les déserts de l'Arabie et de la Mésopotamie. On conçoit que des puits où ces matières se trouvent en fusion, presque en ébullition, sous les rayons ardents du soleil de cette latitude, s'émanent des vapeurs qui puissent causer l'asphyxie.

La ville de Bouchir elle-même a très peu d'importance ; elle présente le même aspect que toutes celles de Perse. Placée sur une petite éminence qui s'élève sur une pointe de la côte, elle forme comme une espèce de presqu'île. Son plan est celui d'un triangle dont deux faces se présentent à la mer qui les baigne, et dont la troisième, du côté de la terre, est formée par une muraille autrefois fortifiée. La monotonie des lignes qui dessinent ordinairement la silhouette des villes de Perse est rompue ici par les palmiers dont les panaches flottent au-dessus des terrasses.

L'intérieur de Bouchir offrait un aspect désolé. Nous y vîmes des quartiers entiers abandonnés, des maisons fermées ou en ruine. Cette cité avait été récemment dévastée par le choléra et la peste. Les trois quarts de la population avaient succombé à des épidémies successives, et le peu de mouvement qui se voyait dans les bazars, comme dans le port, était dû aux voyageurs ou aux caravanes du commerce.

Le quai est la partie la plus animée. C'est là que se trouvent ce qu'on peut appeler les factoreries, c'est-à-dire de grandes habitations où sont les magasins et les comptoirs des principaux négociants qui sont à la fois expéditeurs, importateurs et commissionnaires. Dans ces entrepôts, on trouve des marchandises de toute espèce et de tous pays : à côté des soieries, des cotonnades, des vins, des drogues, des noix de galle, de l'eau de rose, des pierreries et même de l'or monnayé qui viennent de tous les points de la Perse, on voit des indiennes, de l'ivoire, des épices, du thé, des verreries, du café, des porcelaines, des draps, des glaces, des sucres, des cordages et des esclaves envoyés de Malabar, de Mascat ou de Bassorah. Devant ces factoreries fument, assis nonchalamment au soleil, les marins arabes qui regardent leurs bagalos se balancer sur la mer. Une population de portefaix, la plupart arabes aussi, s'agite, va, vient, en heurtant les passants, et porte les ballots qu'on embarque ou ceux qui viennent d'être tirés de la cale des navires. C'est seulement là qu'est la vie de Bouchir; c'est à ce quartier seul que tend, de jour en jour, à se réduire l'importance de ce petit port. Les bazars n'y sont rien : sales, obscurs, dépourvus de marchandises, on ne voit, dans leurs chétives boutiques, que quelques brocanteurs juifs ou quelques pauvres ouvriers arméniens qui ne paraissent pas très-occupés.

Arrivés à l'extrémité méridionale de la Perse, après l'avoir parcourue dans tous les sens, jetons un dernier regard sur ce pays. Ce royaume compte trois cents lieues environ d'étendue du nord au sud, et trois cent cinquante de l'est à l'ouest. On peut diviser son territoire en trois zones à peu près parallèles, présentant des nuances climatériques qui, sur aucun autre point du globe, ne sont aussi vivement accusées dans les mêmes limites. Dans la zone du nord, le froid devient excessif : il descend jusqu'à 20 et 25° au-dessous de zéro, et se prolonge pendant cinq à six mois. Cependant, dans cette même zone, par une exception toute locale et qui tient à la topographie, le climat des deux provinces qui bordent la mer Caspienne est complétement différent. Il favorise même une végétation en partie semblable à celle du midi de la Perse. La zone centrale s'étend de l'est à l'ouest sous un ciel tempéré ; les gelées n'y ont ni force ni durée. Le sud forme la troisième zone qu'on appelle le pays de la chaleur, *guermsir*, et en effet le thermomètre, n'atteignant presque jamais 0° en hiver, y monte jusqu'à 46 et 50° en été.

On distingue dans l'*Irán*, nom que les Persans donnent à leur pays, deux parties presque égales, l'une peuplée, l'autre déserte. La moitié de sa superficie n'offre que des solitudes immenses privées d'eau, de végétation, où le sol, recouvert d'une croûte de sel, ne saurait procurer aucune ressource aux populations qui le fuient : tels sont, à l'est, les déserts du Khorassan, de Yezd, de Kermân ; tandis que la partie occidentale est montagneuse, arrosée, et en conséquence peuplée. S'il est difficile d'apprécier le nombre des habitants d'une telle ville de Perse, il l'est bien davantage d'arriver à un chiffre exact pour la population totale de ce royaume. On l'a portée à moins de sept millions. Nous croyons que ce chiffre est trop faible. D'autres voyageurs ont pensé qu'elle était de neuf millions et même de treize millions d'âmes. Il nous semble que ce dernier chiffre est celui qui s'approche le plus de la vérité.

A côté d'une population sédentaire de citadins et de raïas ou paysans, la Perse compte une assez nombreuse population nomade, les *Iliáts*. Ceux-ci vivent constamment sous des tentes, ce qui leur a fait donner le nom de *Kara-tcháder* ou *tentes noires*, à cause de leur couleur. Tous les nomades sont mahométans, chiites ou sunnites. Quant aux Persans sédentaires, ils sont musulmans, chiites, chrétiens catholiques ou schismatiques, juifs et guèbres ou sectateurs du magisme ; on distingue ces derniers par le nom de *Parsis*. La nation persane, telle qu'elle est constituée aujourd'hui, est, on le voit, un composé de groupes singulièrement hétérogènes ; et sans doute on est fondé à chercher dans cette diversité d'éléments les motifs des guerres civiles qui ont si souvent ensanglanté le sol sur lequel se trouvent agglomérées tant de nationalités et de religions différentes. Sur les branches mères d'antique origine, mède ou parthe au nord et perse au sud, sont venues se greffer des populations étrangères. Celles-ci se sont mêlées à la race aborigène ; mais, sur plusieurs points, la fusion est incomplète, et chaque fraction a conservé ses mœurs, son genre de vie, sa religion et jusqu'à sa langue. Dans la zone du nord, la population se compose en grande partie de Turcs venus à la suite des invasions tartares et restés dans le pays. Plusieurs tribus de race turque ont des résidences fixes, par exemple dans l'Azerbaïdjân et le Mazenderân au nord. La zone du centre voit se mêler à ses habitants de souche persane beaucoup de Kurdes, de Zends, ancienne race du sud, ou de Bactyaris qui sont presque tous nomades. On ne sait pas au juste d'où viennent les derniers; ils passent pour être étrangers à la Perse et Turcs d'origine; eux-mêmes ils se disent venus de l'est. S'il n'était pas hasardeux de chercher leur nationalité dans le nom qu'ils portent, on pourrait les croire venus en effet de la Turcomanie qui est l'ancienne Bactryane; car le rapprochement est facile entre ce nom et celui qu'ils ont conservé. C'est dans le sud que la population persane est le plus bigarrée, et en même temps le moins sédentaire. A côté des Zends, premiers possesseurs du sol, se trouvent, sous les noms de Lours, Faïlis, Mamacenis, Arabes et même Beloutchis, de nombreuses familles toutes distinctes les unes des autres, ayant des mœurs et une religion différentes. Le persan ou *farsi* est bien la langue commune à toutes ces populations; mais chacune d'elles n'en a pas moins conservé son dialecte propre; et si, au nord, on entend parler turc dans les bazars, djagataï sous les tentes noires, en descendant vers le sud on peut successivement reconnaître les idiomes kurde, zend et arabe, mêlés au persan pur.

Cette variété singulière dans le climat et la population de la Perse existe également dans les productions: à côté des fruits des latitudes élevées, on y récolte ceux des latitudes chaudes. Tandis que dans le nord on trouve le chêne, le peuplier, le saule, le pommier, le cerisier, en descendant vers le midi on rencontre le mûrier, le cyprès, le dattier, l'oranger, le citronnier ombrageant des plantations de coton et d'indigo. La Perse est, dans sa partie montagneuse, abondamment pourvue de métaux et de minéraux de toute sorte. Les Persans ont du fer, du cuivre, du plomb, de l'argent et de l'or; ils ont également de l'antimoine, du soufre, du salpêtre, du granit, du marbre, de l'albâtre, de l'ardoise, et ils possèdent des mines de turquoises assez riches. On trouve, dans quelques endroits, du bitume et du naphte. Malheureusement les habitants ont peu de souci de leurs richesses naturelles et ne savent pas les exploiter.

Le royaume d'Irân, ou la Perse, que les Orientaux appellent aussi *Adjem*, est divisé en dix grandes provinces: l'Azerbaïdjân, le Ghilân, le Mazenderân, le Khourdistân, l'Yrakadjemi, le Khorassân, le Khousistân ou Arabistân, le Fars ou Farsistân, le Kermân, et le Loristân. Les chefs-lieux correspondant à ces provinces sont: Tabriz, Recht, Sari, Kermanchâh, Ispahan, Meched, Chouchter, Chiraz, Kermân et Lar.

Les populations nomades de la Perse vivent sous le patronage et l'autorité immédiate de chefs qui leur sont propres; elles mènent une existence toute pastorale. Quant à la population sédentaire, placée sous l'administration de *ket-khoddhs*, de *hakims* et *beglier-beys* qui tiennent leur investiture du Châh, elle se subdivise en trois grandes classes ou castes distinctes. En première ligne sont les *khâns* qui constituent l'aristocratie ou la noblesse; au second rang se placent les *mirzas*, c'est-à-dire les individus de bonne famille, lettrés et exerçant une profession relevée; après eux viennent les *raïas* qui comprennent tous les gens de travail, artisans ou agriculteurs. Les Persans n'appartiennent pas irrévocablement à la classe dans laquelle ils sont nés. Ils peuvent, par leur mérite ou par la faveur, en sortir pour s'élever et monter, d'un degré ou même de deux, l'échelle sociale. Un raïa intelligent qui a de l'instruction peut acquérir le titre de mirza, et, comme le Châh crée des khâns par firman, il arrive souvent qu'il accorde ce titre à un individu de la classe moyenne pour des services rendus, ou même pour un prix convenu. Le titre de khân est militaire, en ce sens que tous les chefs de l'armée doivent en être revêtus; celui de mirza, au contraire, est purement civil. Autrefois il était un signe de noblesse; il appartenait exclusivement à ceux dont la famille était ancienne et d'origine élevée. L'étymologie même l'indique; car il est une abréviation des deux mots *Émir*, noble et *zâdèh*, fils. Considéré à ce point de vue et acquis par la naissance, il ne se perd pas; le titre de khân même ne saurait l'effacer; et beaucoup de Persans qui portent ce dernier n'en conservent pas moins le premier. Par extension, le nom de Mirza est attribué à tous ceux que leur éducation et leurs moyens d'existence mettent au-dessus des ouvriers ou autres gens de basse condition.

Nous avons dit qu'un Persan pouvait s'élever du rang qu'il occupe à une classe supérieure; il faut ajouter qu'aucun pays ne fournit peut-être autant d'exemples de déclassements de ce genre. Il n'y a pas d'hommes qui se transforment plus facilement que les Persans. Ils sont doués pour cela d'une souplesse tout exceptionnelle. C'est vraiment une chose remarquable que de voir avec quelle merveilleuse facilité un pauvre mirza, par exemple, sait prendre des allures de grand seigneur, avec quel naturel il s'assimile les airs et les belles manières de l'aristocratie. — Quelle aisance n'a-t-il pas à porter le *kalaat* du khân et à changer ses habits de cotonnade grossière contre des vêtements de cachemire et de soie, sans que l'on remarque en lui rien de choquant ou qui fasse contraste! — Le Persan ainsi transformé ne trahit jamais son origine. Cela tient à la noblesse de maintien, de langage et de manières qui caractérise généralement les nations asiatiques. On peut dire que, dans les sociétés orientales, bien que les nuances hiérarchiques soient très-tranchées, et que l'aristocratie y jouisse de priviléges immenses, un champ très-vaste est néanmoins ouvert à la démocratie. En Perse, heureusement ces facilités offertes à l'ambition des classes inférieures n'ont rien de dangereux, grâce à ce vif et mobile esprit qui est le propre des habitants de l'Irân. On a dit d'eux qu'ils étaient les Français de l'Orient. S'ils se rapprochent de nous par quelques-unes de leurs qualités, il faut bien dire que nous n'avons rien ni de leurs défauts, ni de leurs vices. Ils sont, à la vérité, hospitaliers, braves, alertes; leur imagination brillante aime la poésie, la peinture, les arts de toute espèce, et se passionne pour la gloire ; mais la fourberie et la cruauté sont d'autres traits du caractère persan qui n'ont rien de commun avec le génie de notre nation. Si l'on peut encore dire, comme Xénophon, que *les Persans montent bien à cheval et excellent à tirer de l'arc*, le temps n'est plus, certes, où l'on pourrait ajouter, avec le chef des Dix mille, *qu'ils disent la vérité*.

Dans la vie publique, ce sont surtout les défauts du caractère persan qui apparaissent ; ce n'est pas sur l'administration persane, par exemple, qu'il faut arrêter ses regards si on veut connaître la société d'Iràn par son beau côté. Quelques mots suffiront pour donner une idée du mécanisme administratif de ce pays.

Au-dessous du Chàh, qui est tout-puissant, il y a un vizir ou premier ministre à qui est déléguée la plus grande portion de l'autorité royale. En fait, c'est ce vizir qui gouverne, et, s'il a, autour de lui, dans son divan, deux ou trois autres personnages revêtus en apparence du titre et des fonctions de ministre, il ne faut les considérer réellement que comme des aides ou des commis du vizir. Ainsi, à la cour de Téhéran, Hadji-Mirza-Agassi était premier ministre en 1840, et son pouvoir s'étendait à toutes les branches de l'économie politique, à toutes les affaires, de quelque nature qu'elles fussent. Il réglait, selon son bon plaisir, tout ce qui concernait l'armée, la religion, les impôts, le commerce, les relations diplomatiques. Sous ses ordres étaient des khàns ou des mirzas qui s'occupaient des détails de leur spécialité ; mais il fallait qu'ils se tinssent dans une position de dépendance et d'infériorité vis-à-vis du vieux mollah qui gouvernait en maître absolu. Ce vizir était trop jaloux de sa puissance pour tolérer la moindre rivalité, et, s'il s'en élevait une, il mettait tout en œuvre pour la briser. C'est ce qui arriva à l'un des hommes éminents de la Perse, Mirza-Massoud, qui avait dans ses attributions les affaires étrangères. Son habileté était importune à Hadji-Mirza-Agassi, son crédit l'inquiétait ; il le fit exiler pour mettre à sa place un jeune homme de vingt-deux ans, sans expérience, et qui ne pouvait être quelque chose qu'à la condition de se mettre à la dévotion de l'ombrageux vizir.

A l'échelon immédiatement inférieur se trouvent les *begliers-beys*, ou gouverneurs de province. Ces personnages ont un pouvoir absolu sur leurs administrés, et dirigent à leur gré les affaires de leur gouvernement. Ils ne répondent, vis-à-vis du Chàh ou de son premier ministre, que de la somme partielle des impôts dont ils doivent compte, de la tranquillité publique et de ce qui concerne les intérêts généraux de la monarchie. Quant au reste, ils ont plein pouvoir. Il y a là une explication, sinon une justification de la simplicité du gouvernement supérieur ; mais ce morcellement de l'État en plusieurs petits gouvernements, ou satrapies, comme on disait dans l'antiquité, n'a-t-il pas de graves dangers ? Et serait-ce au prix d'une décentralisation semblable que certains utopistes voudraient ramener l'administration de la France à cette simplification empruntée à la barbarie ?

Les gouvernements des *begliers-beys* sont très-importants, puisque le royaume de Perse n'est divisé qu'en dix provinces. Chacune d'elles étant fort étendue, leurs chefs sont de grands personnages, quelquefois même des princes du sang royal ; le plus grand nombre sont des khàns ou des chefs militaires. Chaque province est partagée en un certain nombre de districts généralement placés sous la juridiction d'un seul gouverneur. Cependant cette hiérarchie n'a rien de régulier, ni de fixe, et souvent il arrive qu'on fractionne une province, soit pour en placer les diverses parties sous des chefs relevant directement du Chàh, soit afin d'amoindrir, par ce morcellement, la puissance du gouverneur, qui serait trop considérable et pourrait être un danger pour l'État. Tous ces chefs, quelle que soit l'étendue de leur autorité, portent le titre de *beglier-bey*. Ils ont sous leur juridiction une ou plusieurs villes qui sont administrées chacune par un *hakim*, et, selon leur importance, divisées en quartiers à la tête desquels sont placés des magistrats qu'on appelle *ket-khodàh*, dont les attributions correspondent à celles de nos maires. L'administration d'une ville se complète par l'adjonction au *hakim* et au *ket-khodàh* d'un fonctionnaire appelé *kalantar*, chargé de percevoir les impôts. Le travail de répartition entre les contribuables est fait par le *ket-khodàh* aidé du *kalantar*. Ces deux fonctionnaires sont élus par les populations et servent d'intermédiaires entre elles et les gouverneurs. Bien que la charge de *kalantar* soit donnée à l'élection, celui qui l'obtient doit être agréé par le chef supérieur. Or, dans un pays où tout est vénal, on comprend que cet agrément se paye, et il est à un taux très-élevé ; mais comme il faut que cette place, analogue à celle de nos anciens fermiers généraux, rende de gros bénéfices, et, outre ce qu'elle a coûté, compense les cadeaux auxquels elle oblige ceux qui l'obtiennent, il en résulte qu'elle est une source d'abus de tout genre. Les *kalantars* doivent annuellement verser dans le trésor royal une somme déterminée ; tout ce qu'ils peuvent retirer en sus leur est abandonné à titre de bénéfices. — Aussi à combien d'exactions ne se livrent-ils pas ! — Les gouverneurs, qui devraient faire contre-poids à la rapacité des collecteurs, leur prêtent au contraire leur appui, dans l'espoir d'en tirer quelques *pichkèchs* ou cadeaux.

Les agents chargés de la perception des contributions de toute nature en remettent le montant aux *begliers-beys* qui, à leur tour, versent au trésor royal la redevance que doit annuellement leur province ou leur district. La différence entre la somme perçue et celle payée au Chàh ou employée pour les services publics, reste dans les mains des gouverneurs qui doivent, avec cet argent, subvenir à tous les besoins de leur administration. Il y a encore là une source d'abus : cette liberté d'action laissée aux *begliers-beys* est exploitée par eux et devient, pour leur avarice, un moyen de retenir l'argent dont ils disposent, au lieu de l'employer au bien général.

Il y a ainsi, en Perse, deux fonds distincts, deux sortes de caisses : celle du Chàh et celle des provinces. Le chiffre du trésor royal est d'environ 219,000,000 de francs ; mais cette somme est bien loin d'entrer en numéraire dans les coffres du Châh. Voici en effet comment s'opère le recouvrement des impôts : sa base en est la proportionnalité relative à l'avoir de chaque citoyen; une ville ou un village doit payer annuellement une somme déterminée; le *ket-khodâh*, d'accord avec le *kalantar*, fait la répartition entre les habitants qui sont imposés en raison de leurs biens. Ils doivent la quotité qui leur est personnelle, partie en argent, partie en nature, s'ils ont des terres; dans ce dernier cas, l'État prélève le cinquième du produit du sol, évalué d'après l'estimation que l'on fait de la récolte. La taxe qu'est tenu d'acquitter ainsi un propriétaire s'étend à sa maison, à ses chevaux, à ses bêtes de somme, à ses troupeaux ou à ses arbres; chacune de ces propriétés doit à l'État une somme fixée : ainsi un cheval, un mouton ou un chameau paye un *saberán*, ou 1 fr. 25 par an; chaque pied d'arbre doit un *chaï*, à peu près 6 centimes. La contribution établie et payée de cette manière s'appelle *meliët* ou *karadj* ; elle est fixe, invariable et acquittée régulièrement.

Il existe, sous le nom de *sader*, une autre catégorie de contributions. Sous le prétexte de besoins accidentels, les gouverneurs, les gens du roi, les *hakim*, ont le droit de taxer extraordinairement les populations, et ce droit est souvent le motif des spoliations les plus odieuses. Certaines parties de la Perse ont été abandonnées par les habitants, qui, pour se soustraire à cet impôt capricieux et vexatoire, ont cherché un refuge dans les montagnes, derrière des défilés inaccessibles, et quelquefois même au delà des frontières de la Perse. Une des causes principales de la triste situation de la Perse est le mode détestable auquel on a recours pour payer certaines charges, certaines fonctions, ou même les dettes contractées par l'État. Le roi donne en usufruit, pour un laps de temps fixé par son bon vouloir, à un ministre, à un khân, à un général ou à un de ses favoris, un ou plusieurs villages. L'usufruitier en prélève les impôts pour son compte, et il ne doit au souverain autre chose qu'un *pichkéch* ou cadeau. En général, ceux qui sont rémunérés de cette manière craignent de perdre, un jour ou l'autre, cette source de leur bien-être, et ils se hâtent d'en tirer tout ce qu'ils peuvent, au risque de la tarir avant qu'elle leur échappe.

La justice en Perse n'est pas mieux administrée que les finances. Le code qui régit les musulmans est le Korân. A côté de ce livre, qu'on appelle la *Loi écrite*, il y a ce que l'on nomme la loi coutumière, *ourt*. On comprend quelle latitude une législation reposant sur cette double base laisse à l'initiative du juge : d'une part, les sentences rendues d'après le Korân ne peuvent être que des interprétations du texte de Mahomet; de l'autre, toute décision prise d'après la *coutume* est essentiellement laissée à la discrétion du juge. Comme si ce n'était pas assez des abus qui doivent découler de cette jurisprudence, le Châh, son ministre et les *begliers-beys* ou gouverneurs se placent au-dessus de la loi et rendent la justice selon leur volonté, leur caprice, avec tout l'arbitraire du despotisme qui caractérise les gouvernements asiatiques. Il serait impossible que dans de semblables conditions la justice ne fût pas abandonnée à la vénalité la plus éhontée; c'est ce qui a lieu, et le plus riche ou le plus fort a toujours gain de cause. Les affaires litigieuses n'en sont pas moins soumises à certaines formalités. Déférées au Châh ou au *beglier-bey*, elles sont portées au *divân-i-khânéh* ou tribunal. Celui-ci examine les pièces du procès, il l'instruit, prend une décision; mais, avant de prononcer la sentence, il doit réclamer la sanction de l'autorité supérieure qui admet ou rejette l'opinion des juges. Pour les affaires qui intéressent l'État ou la commune, le Châh dicte sa volonté; pour celle d'une moindre importance, les tribunaux sont composés de *mollahs* et de personnages auxquels leur savoir, leur position, donnent place au *divân*. Le *cheik-el-islam*, le chef de la religion, est dans chaque ville le grand juge; c'est devant lui qu'on plaide en dernier ressort. Quant aux délits ordinaires, ils sont jugés par les magistrats ou officiers de justice placés sous la juridiction immédiate des *begliers-beys*.

Indépendamment de ces tribunaux, il y en a un dans chaque localité, qui est permanent et rend une justice sommaire : c'est celui du *darogáh*. Ce magistrat est en même temps chef de la police, et intendant général des bazars qui sont placés sous sa surveillance particulière. C'est devant lui que se traitent les affaires de peu d'importance, les différends, les querelles; ce juge est très-expéditif, et, séance tenante, il rend son verdict, trop souvent favorable à celui qui a tort, quand le coupable paye bien; aussi la charge de *darogáh* est-elle considérée comme très-lucrative. Le *darogáh* a ses gardes particuliers, ses estafiers, qui sont armés jusqu'aux dents et connaissent très-bien les voleurs. On accuse ces magistrats de s'entendre parfois avec les larrons et de partager les produits de leurs vols. Nous ne saurions affirmer qu'on les calomnie; cependant nous avons été témoin de la sévérité avec laquelle un chef de police persan punissait certains délits. Depuis longtemps la population de Teherán se plaignait de la mauvaise foi des boulangers et des bouchers. Plusieurs d'entre eux avaient reçu la bastonnade, avaient payé de fortes amendes, et les plaintes continuaient toujours. Elles furent portées jusqu'aux pieds du trône, et le Châh rendit le *darogáh* responsable des méfaits dont était victime le peuple de la capitale. L'intendant de la police fut obligé d'y regarder de plus près et de sévir. Il vérifia par lui-même ce qu'il y avait de fondé dans la rumeur publique, et promit de faire un exemple. Un jour il se transporta à l'improviste chez deux des marchands les plus mal famés : c'étaient un boulanger et un boucher du bazar; il les trouva en faute. La populace était ameutée devant leurs boutiques, et réclamait un châtiment sévère pour les vols dont elle avait été trop longtemps victime. Le boucher, moins coupable que le boulanger, fut cloué par l'oreille à la devanture de son étal; quant à l'autre, qui était un voleur endurci, le *darogáh* crut devoir faire un exemple, et le malheureux fut jeté vivant dans son four. Ce trait est digne du caractère persan, mélange singulier d'insouciance et de cruauté. Ajoutons que les habitants de Teherán et le Châh lui-même applaudirent beaucoup à cet acte barbare.

Le principe de la législation criminelle en Perse est la peine du talion, pour tous les cas où l'on peut l'appliquer. La justice persane ne connaît guère, outre l'amende, que les châtiments corporels; la détention n'y est presque jamais infligée, et l'on n'y a recours qu'à l'égard des condamnés à mort jusqu'à leur exécution. S'il y a eu meurtre, on livre le coupable à la famille du défunt, pour qu'elle en dispose à son gré; celle-ci a le droit de le faire mourir, de lui imposer une amende quelconque ou de lui pardonner; le meurtrier est à sa discrétion.

L'organisation de l'armée ne laisse guère moins à désirer que celle de la justice : nous pûmes nous en assurer pendant notre séjour à Ispahan. Le camp que le Châh avait formé dans cette ville nous avait fourni l'occasion de voir rassemblés la plupart des corps de l'armée persane. Il y avait là des réunions d'hommes portant des lambeaux d'uniformes avec une sorte de bufflèterie jadis blanche, à laquelle pendait un reste de fourreau baïonnette. Ces soldats étaient armés de fusils tous en mauvais état, le plus grand nombre sans pierre, quelques-uns sans batterie; et ils étaient commandés par des officiers presque aussi misérables qu'eux, dont l'instruction militaire se bornait à faire porter ou présenter les armes.

L'armée permanente et régulière de Perse ne se compose que d'infanterie et d'artillerie. La cavalerie est irrégulière, et il n'y a d'organisée que celle que le Châh entretient auprès de sa personne. Elle est formée de quatre ou cinq mille *goulâms*, qui lui font escorte en temps de paix et constituent, en temps de guerre, un corps de cavalerie spécial et d'élite. Chaque fonctionnaire élevé, ou chaque khân, a également quelques cavaliers attachés à son service personnel; mais ces derniers sont plutôt des serviteurs, des domestiques, que de véritables soldats. Si la guerre survient, le Châh, avant d'entrer en campagne, fait appel à toutes les provinces de l'Empire, et de toute part il arrive à son camp des hommes montés et armés selon l'usage de leur pays. Les Kurdes ou les Arabes ont de grandes lances et des boucliers, les Persans de longs fusils, les Korassaniens ou Turcomans des arcs. Cette multitude de volontaires de tous costumes, diversement équipés et montés, compose une cavalerie plus pittoresque qu'utile ; c'est une troupe de pillards, bonne pour inquiéter l'ennemi et porter la dévastation sur son territoire plutôt que pour être mise en ligne contre une cavalerie régulière et disciplinée. Chaque individu de cette milice se bat pour son compte, à sa manière, avec les ruses ou les armes qui lui sont propres; leur tactique est encore celle des Parthes, de combattre en fuyant, c'est à dire de tirer un coup de fusil ou une flèche en faisant volte-face. Il faut reconnaître néanmoins que ces troupes irrégulières ont certains avantages; d'abord elles comptent pour près des trois quarts dans les forces militaires de la Perse; elles sont généralement bien montées, et chaque homme, excellent cavalier, ne manque pas de courage personnel. De telles qualités demeurent malheureusement stériles, faute de discipline, faute de cette confiance et de cet appui mutuels qui sont la force des troupes régulières. Ces auxiliaires ne reçoivent pas de solde; ils doivent s'indemniser au moyen du butin fait sur l'ennemi. Ils se trouvent ainsi intéressés au succès de la guerre, — mais que de fois n'est-il pas arrivé qu'ils se sont dédommagés sur les pauvres habitants de la Perse même, de ce que l'ennemi ne leur avait pas permis de piller chez lui! — Sous le prétexte qu'ils doivent être nourris aux frais du Châh, les cavaliers irréguliers se ravitaillent aux dépens des villages ou des villes qu'ils traversent, ils cherchent leur subsistance dans la maraude, et l'on peut dire qu'ils traitent leur propre pays en pays conquis. Ces miliciens demeurent ordinairement à l'armée tant que dure la guerre. Cependant, comme ils n'ont contracté aucun engagement et qu'ils servent de bonne volonté, il arrive quelquefois qu'ils retournent dans leurs foyers sans attendre la fin des événements qui les en ont fait sortir. Indépendamment de cette cavalerie irrégulière qui porte le nom de *atlí*, les différentes provinces de Perse fournissent encore, en temps de guerre, quelques milliers de *tuffekdjis* ou fusiliers qui composent une infanterie tout aussi peu astreinte aux lois de la discipline.

De notables efforts ont été faits néanmoins pour imposer à ces divers corps armés, les seuls qui existassent autrefois en Perse, une organisation plus satisfaisante. Lors de l'ambassade du général Gardanne en 1809, des officiers français, qui avaient figuré sur les champs de bataille de l'Europe, introduisirent les premiers éléments de la discipline dans l'armée persane, qu'on s'efforça de reconstituer sur le pied européen. Les officiers qui se vouèrent à cette grande entreprise rencontrèrent les plus grandes difficultés dans les préjugés nationaux et religieux. Cependant les fils du Châh eux-mêmes, donnant l'exemple et faisant l'exercice, finirent par amener les moins récalcitrants à accepter un enseignement qu'ils réprouvaient au fond du cœur. Peu à peu les résistances s'affaiblirent, et les instructeurs français réussirent à former quelques bataillons sachant à peu près manœuvrer.

Ce fut par l'habillement que commencèrent les réformes. Les longues robes orientales étaient peu propres à faciliter les mouvements militaires, et, bien qu'ils y fussent habitués, les soldats persans devaient nécessairement en être embarrassés dans les marches. La robe fut supprimée et remplacée par une petite veste sans basque, qui s'arrêtait à la ceinture. Aux amples culottes ou *chalvars* qu'ils portaient, on substitua des pantalons arrêtés et noués au-dessus de la cheville; la chaussure adoptée fut une espèce de brodequin de cuir lacé jusqu'à mi-jambe et très-propre à la marche. On compléta l'équipement par des buffleteries qui soutenaient une giberne et un sabre-poignard.

L'artillerie, arme si indispensable et d'une si grande importance dans une bataille, ne pouvait être négligée par ceux qui avaient accepté la mission de constituer l'armée persane; aussi y donnèrent-ils tous leurs soins. Parmi les officiers qui s'appliquèrent à cette entreprise figuraient le lieutenant Fabvier, devenu général de division en France, qui fonda à Ispahan un arsenal duquel il fit sortir, comme par miracle, en très-peu de temps, quelques pièces de campagne. Cet officier forma également un corps d'artilleurs qui fut le noyau et l'origine de l'artillerie persane.

Fet-Ali-Châh, alors sur le trône, émerveillé des changements opérés, des améliorations introduites dans les forces militaires de son royaume, commençait à entrevoir la possibilité de résister dans cet état où il se sentait serré par la Russie d'une part, de l'autre par l'Angleterre. Mais les Anglais ne faisaient pas assez peu de cas de la Perse, malgré leur mépris apparent, pour ne point s'inquiéter de l'essor qu'avait pris l'armée de ce pays et des progrès que l'intelligence naturelle des Persans leur avait permis de faire dans la tactique. Aussi usèrent-ils de tous les moyens possibles pour couper court à une éducation militaire qui allait trop vite à leur gré. On sait comment ils réussirent à faire éconduire l'ambassade française et tous les officiers qui en faisaient partie. Ils persuadèrent à Fet-Ali-Châh que des officiers anglais remplaceraient avantageusement ceux de Napoléon; et, avec l'arrière-pensée d'arrêter ou de neutraliser l'instruction militaire déjà acquise par les soldats persans, ils simulèrent l'intention de continuer l'œuvre commencée par les Français; en réalité, ils voulaient la détruire et ils y réussirent.

Le changement fut fatal à la Perse; mais il ne fut guère plus favorable aux projets de l'Angleterre. Les Anglais, qui ne voulaient travailler que pour eux, travaillèrent, sans s'en douter, pour la Russie. Ils avaient fait avec le Châh un traité par lequel ils s'engageaient à lui donner un subside de 200,000 livres sterling, afin qu'il pût lever et entretenir un corps régulier de douze mille hommes d'infanterie et vingt-cinq pièces de canon. Malgré ce secours, l'armée commandée par Abbas-Mirza, fils de Fet-Ali-Châh, fut constamment battue sur les bords de l'Araxe. La Géorgie fut conquise par les Russes, et plus tard la paix de Turkmân-tchaï put seule arrêter les vainqueurs à six journées de marche de la capitale. Les instructeurs anglais étaient cependant restés près de vingt ans en Perse avec d'énormes appointements.

Ce sont les débris des bataillons confiés aux *talimdjis* ou instructeurs de l'armée des Indes que nous vîmes à Ispahan. L'infanterie n'avait conservé de son organisation primitive que quelques maniements d'armes insignifiants un jour de bataille. A la veste bleue française on avait substitué, pour les bataillons de la garde, une veste rouge de façon anglaise, agrémentée de galons blancs, et, comme pour achever de rendre cette troupe impropre à tout service sérieux, on l'avait armée de fusils détestables. Toutes ces armes étaient détraquées, elles avaient perdu leurs batteries, et les baïonnettes en étaient si mal adaptées, que des soldats nous racontaient qu'au siége d'Herat auquel ils avaient naguère participé, ils avaient été obligés de les attacher avec leurs mouchoirs pour ne pas les laisser dans le corps des Affghans.

Outre les bataillons de la garde, il y en a d'autres qu'on appelle provinciaux. Ils correspondent à nos troupes de ligne. Ce sont eux qui tiennent garnison dans les principales villes du royaume, à l'exception de la capitale. Ils se distinguent de la garde par la couleur de leur veste qui est bleu clair, jaune ou verte. Leurs buffleteries sont en cuir noir, les pantalons sont en coton blanc pour toute l'infanterie qui marche au son des tambours et des fifres. Les bataillons de la garde seuls ont une musique d'instruments à vent, qui exécute des marches arrangées sur des airs nationaux par des Allemands ou des Italiens. Le costume des officiers est très-simple : il consiste en une veste de la couleur de leur bataillon, ou en une tunique boutonnée droit sur la poitrine, de grandes bottes et un sabre courbe. Les colonels seuls ont des épaulettes. Quant à la coiffure, elle est celle des civils, le bonnet d'astrakan pointu.

L'artillerie est organisée en troupe légère. Il ne nous a pas été donné de juger de son habileté. Les pièces sont du calibre de six ou de huit. Les canonniers sont à cheval; ils n'ont pas d'autre arme qu'un sabre courbe de façon anglaise. Leur uniforme a une tournure plus européenne que celui de l'infanterie : la veste est en drap bleu avec parements rouges ; dessus passe une giberne avec baudrier blanc ; de larges pantalons de coton blanc ou bleu sont enfermés dans de grandes bottes à cœur et à glands. Les artilleurs ont la tête couverte d'un énorme bonnet de peau de mouton noir ou gris à longue laine, qui, de loin, figure un colbak. Les officiers se distinguent des soldats par leur veste qui est ornée, sur la poitrine, de trois rangs de boutons avec tresses d'or, le collet et les parements étant bordés de galons semblables. Ils ont des épaulettes, mais sans distinction apparente de grades. Ainsi, nous vîmes un capitaine portant de monstrueuses épaulettes de colonel russe ; il en paraissait fort enchanté et très-fier. Cet officier attribuait à l'artillerie persane une supériorité qui ne pouvait permettre à aucune autre de se mesurer avec elle. Entre autres fanfaronnades, il prétendait faire tirer à ses canonniers vingt coups dans une minute.

En somme, le matériel de l'armée persane a une apparence qui, à distance, satisfait l'œil ; mais il en est de cela comme de tout en Perse ; quand on veut regarder de trop près ou analyser, on reconnaît de suite l'ignorance, l'incurie et une vanité si aveugle qu'elle empêche les Persans de voir ou de s'avouer à eux-mêmes ce qui leur manque. Le premier ministre d'alors, vieux mollah entêté et parfaitement ignorant en fait d'art militaire, a beaucoup contribué au dépérissement de cette armée, et surtout de son artillerie. Il prit la haute main sur cette partie si importante de la force militaire, et voulut en diriger le matériel à sa guise. Il embaucha des Allemands et des Russes comme contre-maîtres dans l'arsenal de Teherân. Mais ces ouvriers étaient loin d'être assez habiles pour donner une bonne direction aux travaux; sans compter qu'ils étaient gênés par le premier ministre qui leur imposait ses idées, ses caprices et les innovations les plus absurdes. De plus, ils étaient sans cesse en butte aux tracasseries des employés persans, jaloux de voir des Européens occuper à côté d'eux des positions supérieures. Peu à peu ces auxiliaires dégoûtés se retirèrent, et, lorsque nous étions à Teherân, en 1841, l'arsenal était exclusivement dirigé par un Persan qui se croyait très-habile parce qu'il avait passé quelques mois en Angleterre. Cet arsenal était dans un très-piteux état. Ce que les Persans connaissent le moins, c'est la fabrication des canons. Ils sont en cela fort arriérés et d'une ignorance qu'ils ne soupçonnent pas. Leurs pièces sont toutes fondues à noyau, au lieu d'être forées, selon le système moderne. L'âme en est très-irrégulière et n'a aucune des conditions qui en assure tout à la fois la solidité et la précision. Les parois y sont très-imparfaites; et il s'y forme presque toujours, à la fusion, des chambres latérales qui les font crever après un très-petit nombre de coups. On nous a assuré qu'à l'essai il y avait tout au plus une pièce sur dix qui résistait à l'épreuve, et que cette pièce, livrée à la troupe, ne pouvait servir que très-peu de temps, de sorte que les artilleurs persans ont moins à redouter l'ennemi que leurs propres canons.

Indépendamment de ces vices fondamentaux et si préjudiciables, il y en a un autre non moins grave : c'est le manque de chariots ou de fourgons pour les munitions qui sont toujours transportées à dos de chameaux. Ces animaux ont le double inconvénient d'encombrer l'armée et de ne pas se prêter à la précision qu'exigent les mouvements militaires. Quelque chose enfin de bien autrement sérieux encore nuit à l'efficacité de l'artillerie persane : on ne sait point en Perse faire de projectiles; toute cette partie si importante du matériel de l'artillerie est tirée de l'étranger. Il n'y a pas jusqu'aux pierres à fusil que la Perse ne soit obligée d'acheter au dehors ; aussi n'est-il pas rare d'y rencontrer des soldats qui n'ont point de silex à leur arme.

Divers épisodes du siége d'Herat, en 1836, confirment le triste état de l'artillerie du Châh. C'est à peine si elle put faire brèche aux murs en briques crues de cette ville. On avait apporté si peu de munitions qu'il fallut fabriquer des boulets de pierre. Enfin, le premier ministre, voyant l'insuffisance et l'inefficacité de ses canons, imagina de faire, au milieu du camp même, une énorme pièce d'un calibre monstrueux, pour laquelle on ne put tailler qu'un très-petit nombre de boulets. Lancés à toute volée contre la place, ces projectiles traversaient de part en part les murs quand ils ne passaient pas par-dessus, et des soldats, enthousiastes de la science balistique du vizir, se dévouaient pour courir les chercher de l'autre côté de la ville ennemie, dont ils faisaient le tour. Il ne fallait pas moins que des inventions aussi bouffonnes pour tromper l'ennui des longues heures qui se passaient à attendre la fin, toujours ajournée, du siége d'Herat. L'armée assiégeante était, il est vrai, composée d'une façon qui, partout ailleurs qu'en Perse, passerait pour exceptionnelle. Toute une population d'artisans et de marchands vivaient à sa suite. Les troupes avaient emporté avec elles tout ce qui pouvait les aider à vivre pendant des années. Il semblait qu'elles voulussent fonder une colonie en face de la ville assiégée. Le camp royal avait l'aspect d'une ville. On y avait tracé des rues qui étaient bordées d'une quantité innombrable de tentes. Il y avait un bazar et des ateliers de toute sorte. Les Persans ayant, paraît-il, fort peu de confiance dans leur force militaire ou dans leurs connaissances stratégiques, et pensant que ce siége pourrait être fort long, avaient poussé la prévoyance jusqu'à tracer des sillons autour de leur camp, et ils y avaient fait les semailles. Ils ne s'étaient pas trompés : les lenteurs furent telles qu'ils y firent la moisson. Pour décider la levée du siége, qui aurait pu durer autant que celui de Troie, il fallut que le ministre anglais sommât le Châh d'éloigner son armée, le menaçant d'une déclaration de guerre et de l'entrée des troupes anglaises dans ses provinces du sud.

Toute l'artillerie persane n'est pas organisée à l'européenne : l'armée du Châh possède un corps d'artillerie d'une physionomie tout orientale. Son matériel consiste en petites pièces de cuivre pouvant lancer une livre et demie ou deux livres au plus de balles. Chaque pièce est portée sur un chameau et adaptée à un pivot sur lequel elle tourne dans tous les sens. Avec la pièce, le chameau porte aussi la provision de projectiles et de poudre nécessaire pour une vingtaine de coups. Un canonnier s'assied sur l'animal; quand il veut faire feu, le chameau s'accroupit; si l'on marche en avant ou en arrière, il transporte à grands pas, dans la direction voulue, son cavalier et son armement. Actuellement ce corps d'artilleurs est bien réduit ; et, à part les salves royales tirées autour de la tente du Châh, quand il voyage, cette artillerie bizarre n'a guère l'occasion de déployer son activité.

Le système de la conscription basé sur le sort et la chance individuelle est inconnu en Perse. Pour le recrutement, on s'en rapporte à la bonne volonté des citoyens, et le plus souvent à l'arbitraire du *beglier-bey*. Quand le Châh a besoin de soldats, il envoie dans les provinces de son empire des firmans portant le nombre d'hommes à fournir. Sur cent, on en prend depuis un jusqu'à six, selon les besoins du moment. Dans une même famille, il n'y a qu'un seul fils qui soit contraint de porter les armes. Le soldat persan est au service pour sa vie entière, à moins que le Châh ne juge à propos de le congédier. Chaque homme doit recevoir annuellement douze *toûmans*, environ cent cinquante francs. De plus, il est logé et nourri en partie, chaque corps recevant pour cela des distributions de vivres, mais insuffisantes. Dans les marches, les troupes, même les troupes régulières, vivent toujours aux dépens des habitants. Pour ce qui est de la paye, le roi la tire de ses coffres et la remet au premier ministre ; mais la somme de douze *toûmans* passe en tant de mains qu'elle n'arrive guère que réduite de moitié au pauvre soldat. Encore la lui fait-on attendre bien longtemps. Il est très-fréquent de voir un régiment qui n'a rien touché de sa solde depuis deux années. Quelquefois ces malheureux, poussés par la misère, se mutinent, demandent en armes qu'on les paye. Ils auront la chance d'obtenir par ce moyen une justice tardive et déplorable qui se résume en un faible à-compte. Mais le plus souvent on juge plus commode de licencier le régiment rebelle qui ne demande pas mieux et qu'on remplace par une nouvelle levée qui sera soldée de la même façon.

Si le gouvernement persan n'est pas scrupuleux observateur de ses engagements vis-à-vis du soldat, il ne lui en impose pas moins des devoirs réglés par un code sévère. La bastonnade, la flagellation, appliquées souvent jusqu'à ce que mort s'ensuive, tels sont les châtiments les plus usités dans l'armée. Les récompenses consistent en décoration portant avec elle un prix intrinsèque qui leur donne une valeur vénale. Pour les hauts grades, ces décorations sont le portrait du Châh sur émail enrichi de brillants plus ou moins beaux, mais elles sont rarement accordées. Pour les inférieurs, ce sont de grandes croix en forme de soleil, dont les rayons sont en diamants et rubis, et dont le centre représente le symbole de la monarchie persane : un lion surmonté du disque radieux du soleil. On porte ces décorations, comme nos plaques, sur la poitrine ; il s'en voit fort peu. En descendant l'échelle, on passe des croix de commandeur aux petites croix, toujours ornées de diamants ; et l'on arrive aux simples médailles d'or et d'argent pour les soldats qui se sont distingués par leur bravoure. Nous avons vu des militaires qui avaient plusieurs médailles semblables, et l'on nous dit que chacune de ces récompenses était le prix d'une tête coupée sur le champ de bataille.

L'établissement d'une hiérarchie régulière dans l'armée persane remonte à Nadir-Châh, qui fut le premier organisateur des forces militaires du pays au commencement du xviiie siècle. Ce fut lui qui commença à réunir un nombre déterminé de soldats sous un chef dont le commandement se transmettait à des officiers subalternes. Le plus haut grade de l'armée persane est celui d'*Emir-Nizam*. Il n'y a qu'un seul *Emir-Nizam*. Il réside toujours dans la province d'Azer-Baïdjân, dont il commande directement toutes les forces militaires. Ce poste lui est assigné en vue des événements qui pourraient se passer sur les frontières les plus menacées du royaume, celles de la Russie et de la Turquie. Au-dessous de l'*Emir-Nizam* sont quatre *serdârs* qui ont le commandement chacun de dix mille hommes. On peut les assimiler aux généraux. Ces *serdârs* commandent les quatre grandes circonscriptions militaires : à Teherân pour l'Irak ; à Meched pour le Khorassân ; à Chiraz pour le Fars et tout le sud, et à Kermanchâh pour l'ouest. Après les *serdârs* viennent les colonels qu'on appelle *sertip* ou *sering*. Ils commandent plusieurs bataillons, qui ont pour chefs des *yavehr* ayant sous leurs ordres mille hommes. Dans chaque bataillon, les grades inférieurs sont occupés par les *sultân* ou capitaines, les *naïeb-sultân* ou *begzadèh* qui sont les lieutenants, les *yuzbachi* ou *dâhbachi* qui correspondent aux sous-lieutenants; le porte drapeau s'appelle *bay-dactar*. Ce drapeau est rouge; sur le champ est figuré le symbole de l'empire ; la hampe est terminée par une main ouverte, la main d'Ali, gendre du prophète. Chaque corps a de plus un *vekil* ou adjudant chargé des subsistances.

Telle est la vie publique des Persans administrant les revenus de l'État, rendant la justice ou servant dans l'armée. Quant à leur vie privée, elle est tout empreinte encore du caractère frivole et surtout de l'ancienne civilisation de ce pays. Immobilité dans les mœurs, essais incomplets de réforme dans les institutions, c'est la situation à laquelle la Perse est réduite après avoir traversé tant de siècles de gloire. Cette réflexion ramène la pensée vers les admirables édifices, les uns debout, les autres en ruine qu'on rencontre dans ce pays, vers tant de monuments qui, depuis les princes achéménides jusqu'à la dynastie des Kadjârs, attestent la grandeur passée de la nation persane. A son avénement sur la scène du monde cette nation s'est formée au contact des peuples qu'elle a vaincus, leur empruntant leurs arts, puisant le goût du beau tour à tour dans l'Attique ou sur les bords du Nil ; puis survivant aux victoires d'Alexandre, elle a remis sa nationalité conquise sous la garde des Arsacides ; après quoi est venue la dynastie des princes issus de Sassân, sous lesquels se sont livrés les grands combats racontés par Ferdoucy dans *le Livre des Rois*. L'un de ces princes, Chapour, chercha à faire refleurir les arts sur la terre d'Irân, où il appela des artistes grecs ; mais ses efforts, inspirés par un orgueil personnel excessif, ne dotèrent la Perse que de quelques monuments informes, grossières représentations des exploits d'un monarque plus belliqueux qu'éclairé. Bientôt cependant la famille des Sassanides fit place à celle des Mongols. Alors les disciples de Mahomet brisèrent les autels du feu et insultèrent à Zoroastre au nom d'Omar. C'en était fait de cette seconde famille de monarques qui avaient régné sur la Perse pendant plus de quatre siècles. Une vie de révoltes et de guerres civiles s'ouvrait pour la nation persane. Elle fut affranchie du joug des princes mongols le jour où Châh-Ismaël la souleva, au cri d'Ali, contre ses oppresseurs. Les Persans, devenus *chiites* ou schismatiques, retrouvèrent dans l'hérésie comme une vie nouvelle qui se personnifia avec éclat dans la dynastie des *Sophis*.

Une seconde fois cependant, sous le règne du dernier de ces princes, ils virent des étrangers envahir leur territoire. Les Affghans devinrent les nouveaux maîtres de la Perse, jusqu'au moment où un soldat sauva la patrie et la gouverna glorieusement sous le nom de Nadir-Châh.

Enfin les Kadjârs vinrent, dans les dernières années du xviiie siècle, s'asseoir sur le trône d'Irân, qu'ils avaient relevé sans consacrer peut-être à la régénération de la société soumise à leur sceptre toute la sollicitude que cette grande œuvre eût exigée. Aujourd'hui c'est encore sous leur direction que cette œuvre se continue ; mais on ne saurait se dissimuler que bien des obstacles la contrarient, que bien des causes d'affaiblissement et même de ruine pèsent sur les populations gouvernées par les princes kadjârs.

Quoi qu'il en soit, des titres impérissables recommanderaient encore la Perse à la sympathie des sociétés occidentales, si même les réformes conseillées par une sage politique à la dynastie actuelle devaient rester stériles. Il n'y a point ici sans doute, comme en Chine, l'attrait du mystérieux et de l'inconnu ; il n'y a point non plus le prestige de ces traditions mystiques qui enveloppent de leurs nuages ténébreux les cimes du Sinaï et du Thabor, et qui perpétuent la nation juive dans sa dispersion. Il y a quelque chose de plus réel, de plus palpable : c'est la vie d'un noble peuple dont les souvenirs se perdent dans l'immensité du passé et dont l'histoire rappelle les plus mémorables crises qu'ait traversées l'humanité orientale, depuis les temps de Darius jusqu'à ceux de Mahomet. C'est en se reportant vers cette glorieuse histoire qu'on arrive à contempler avec moins de tristesse la situation présente de l'Irân. Les annales de leur pays rappellent éloquemment aux Persans que les époques d'indépendance sont aussi celles où ils se sont illustrés dans les arts et dans la guerre. Qu'ils s'attachent donc à défendre cette indépendance contre les influences européennes qui la menacent de tous côtés ; qu'ils se souviennent que leurs plus admirables monuments ont été créés par des princes patriotiquement jaloux de la gloire nationale. C'est là ce qu'attesteront toujours les colonnes du palais des rois à Persépolis, les gigantesques bas-reliefs dont les Sassanides ont orné les rochers du Fars, et les grandes mosquées des monarques sophis, si magnifiques et si gracieuses sous leurs coupoles azurées.

Comment désespérer d'une nation qui a sous les yeux de pareils témoignages de son ancienne grandeur ? Sans doute la Perse sommeille aujourd'hui. La diplomatie anglaise ou moscovite la domine. Les *Châh-Zâdèhs* et les *Khâns*, divisés en deux partis, servent tour à tour les vues de la politique russe ou les intérêts du commerce anglais. On répugne à croire cependant qu'un État qui ne compte pas moins de vingt-cinq siècles d'existence puisse s'éteindre dans un incurable engourdissement. Les nations orientales, habituées au régime despotique, prospèrent ou végètent selon les chefs qui se succèdent. Il en a été ainsi de la nation persane, si puissante sous les *Sophis*, si faible actuellement sous les *Kadjârs*. Qu'un chef vigoureux prenne en mains ses destinées, et peut-être la verra-t-on se réveiller alors, grande par les arts comme au temps de Châh-Abbas, ou par la guerre comme elle le fut avec Nadir-Châh, le conquérant de l'Inde.

Pour se faire une idée de la vitalité de la nation persane, il faut faire abstraction de son gouvernement et de tout ce qui en dépend. Ce n'est pas là, en effet, qu'est la vie de ce peuple ; ce n'est pas par ses gouvernants actuels, chefs militaires ou civils, qu'il se relèvera. C'est par son aptitude aux arts de toute sorte qu'on peut en juger. Pour montrer combien le sentiment des arts est inné aux Persans, il ne faut que suivre l'histoire des populations de l'Irân depuis les temps les plus reculés jusqu'à l'époque actuelle. Sans cesse on voit ce sentiment aux prises avec des difficultés toujours renaissantes, dont il ne manque jamais de triompher. C'est un grand et triste spectacle que nous offre l'histoire de l'art en Perse, un spectacle plein d'intérêt dramatique et aussi de graves enseignements.

La Perse, avant Cyrus, est tributaire de Ninive. Les Perses, que l'on doit confondre avec les Mèdes, car les deux peuples n'en faisaient qu'un, semblent n'avoir rien gagné à leur contact avec les Assyriens déjà si avancés, jusqu'au moment où, maîtres de Ninive et de Babylone, ils purent en contempler les monuments et en rapporter les riches dépouilles dans leur patrie. C'est alors seulement qu'on y voit poindre une civilisation élégante, opulente, inspirée en partie par les arts qui faisaient depuis longtemps la gloire de la Babylonie. Avant cette époque, il existait bien en Médie une ville célèbre, Ecbatane ; mais, autant qu'on en peut juger par les descriptions qu'en ont faites les historiens, c'était la résidence d'un chef qui y mettait son pouvoir et ses trésors en sûreté, plutôt que la capitale d'un peuple pratiquant les arts. On peut voir encore de nos jours, dans la plaine d'Hamadan, qui n'est autre que l'ancienne Ecbatane, par les rares vestiges épars autour de la ville moderne, que l'antique cité se distinguait par les proportions colossales de ses édifices, ou la solidité de ses matériaux granitiques, bien plus que par le fini d'une architecture encore privée de ces formes élégantes et pompeuses qui devaient la rendre si digne d'intérêt plus tard.

Ce n'est donc que sous le règne des Achemenides que se développa un art tout nouveau en Perse. Ce que les victoires de Cyaxare et de Cyrus, sur les rives du Tigre et de l'Euphrate, avaient commencé, fut achevé par les conquêtes de Cambyse et de Xercès aux bords du Nil ou dans les plaines de l'Ionie. Le génie artistique des Perses, qui s'ignorait lui-même, se développa au milieu de la civilisation des Égyptiens et des Grecs. La vue des monuments par lesquels ces peuples avaient déjà marqué leur place dans le monde, éclaira l'intelligence des Perses, qui n'étaient encore que guerriers, mais qui retournèrent dans leur patrie préoccupés d'idées nouvelles et impatients de créer à leur tour. Leur ardente imagination était remplie d'ineffaçables souvenirs. Thèbes, Memphis, Éphèse, Athènes avaient produit des impressions vives et durables dans leur esprit. Au retour de chaque expédition lointaine, un certain nombre de ceux qui n'avaient jusqu'alors su que porter les armes rentraient sous leur toit, architectes, peintres, sculpteurs, artistes en tout genre. Comme des abeilles qui ont quitté la ruche pour butiner sur les fleurs les plus belles et les plus parfumées, ils étaient allés, eux aussi, butiner au loin, pour rapporter à leur pays des idées, des modèles dont ils devaient composer, si l'on peut dire ainsi, le miel de cette noble civilisation qui attira plus tard sur la Perse la convoitise et la rage des Grecs, leurs maîtres.

Ainsi cette nation sauvage, barbare, composée de pasteurs, tant qu'elle vécut au milieu de ses montagnes, se forma par la conquête, se civilisa au contact des peuples qu'elle vainquit. Les Perses, dans le cours de leurs expéditions belliqueuses, sentirent s'épanouir en eux le goût des arts et du luxe, à la vue des temples et des palais de l'Égypte ou de la Grèce. Après les avoir dévastés, ils rapportèrent dans leur patrie le germe de tous les arts qu'ils créèrent plutôt qu'ils ne les imitèrent ; car il faut reconnaître que chez eux tout fut original, et que leur imagination, excitée par ce que leurs yeux avaient admiré, se lança dans la vaste carrière de l'invention, au lieu de demeurer emprisonnée dans l'étroit espace des reproductions et des copies. En effet, les palais de Persépolis, avec leurs colonnes cannelées, leurs chapiteaux à volutes, montrent comment, sous le règne des Achéménides, les Perses savaient approprier l'architecture grecque aux usages de leur pays. Les innombrables sculptures qui ornaient ces monuments somptueux, l'adoption de la ronde bosse ou du bas-relief pour la décoration systématique de ces édifices, rappellent ce qu'ils avaient vu dans les palais de Ninive et de Babylone ; mais cette architecture ou cette sculpture, par laquelle ils manifestaient tout d'un coup leur génie, si elles furent le résultat incontestable d'idées puisées en Assyrie, en Grèce ou en Égypte, sont pourtant empreintes du cachet d'une originalité due au goût et à l'invention des artistes perses. On peut bien dire qu'elles sont le produit d'inspirations nées en face des monuments de ces divers pays ; mais il faut ajouter que ces inspirations repoussent, par leur caractère propre, la pensée qui n'y verrait que des réminiscences.

Dans les détails architectoniques des palais de Persépolis on retrouve, il est vrai, quelque chose des temples de la Grèce : ainsi, des salles royales sont précédées de portiques à colonnes, et l'intérieur en est également divisé par d'autres colonnes qui soutenaient la partie supérieure. Ces colonnes, qui sont toutes à cannelures, se terminaient par un élégant chapiteau dans lequel on reconnaît la volute ionienne ; mais le tout est agencé, composé et orné d'une façon qui détruit l'idée d'une imitation servile du style grec. L'ensemble du chapiteau ne se rapproche aucunement de celui des ordres grecs ; et l'architecture des édifices de Persépolis est portée par des corps d'animaux terminant les colonnes. Certes, il n'y a rien là qui soit copié des Grecs ou dont on puisse trouver l'idée première dans les monuments, soit de l'Assyrie, soit de l'Égypte. Il en est de même des espèces de pylônes qui précédaient les entrées des palais, ou des nombreux bas-reliefs qui décoraient leurs murailles. Il est évident que les Perses avaient emprunté ce genre de décoration aux palais de Ninive ou aux hypogées de l'Égypte ; mais en y puisant l'idée première des pylônes, ou des files de personnages en procession ils en ont considérablement modifié la forme et le style. Il n'y a donc aucun rapport entre les sculptures assyriennes ou égyptiennes et celles de Persépolis.

A cette époque déjà, qui date de plus de vingt siècles, l'esprit et le goût des Perses se faisaient remarquer par les qualités qui leur sont personnelles, et qui les distinguent encore de nos jours, à savoir, une grande pureté de dessin, une exquise élégance et un grand luxe de décoration. Comparés aux monuments de l'Assyrie, de l'Égypte ou même de l'Asie Mineure, ceux de Persépolis paraissent plus élégants, de proportions plus sveltes, d'un travail plus délicat dans les détails et surtout plus recherché dans l'ornementation.

Si les palais, les temples ou les sculptures bravent les siècles, grâce à la solidité de la matière qu'ils ennoblissent, il n'en saurait malheureusement être de même des autres produits de l'industrie humaine. Aussi tous les souvenirs de l'art perse du temps des Achéménides se bornent-ils à ces précieux restes des demeures royales que remplirent de leur faste asiatique et de leur pompe orgueilleuse les Xercès et les Darius ; et grâce à cette idée charmante d'orner les murs de sculptures, on peut encore, après plus de deux mille ans, se faire une idée de certaines industries pratiquées par les Perses de l'antiquité. En effet, cette adresse dans les arts manuels, qu'attestent les superbes bas-reliefs des palais persépolitains, est prouvée encore par les chars, les armes, les meubles et les étoffes qu'ils représentent ; et l'on y retrouve invariablement ce goût, cette pureté de travail qui furent de tout temps l'un des traits caractéristiques du peuple perse.

Dès que cette nation eut pris son essor, et que la guerre lui eut appris ce qu'elle pouvait devenir, elle se fit remarquer en adaptant à ses mœurs, jusque-là pastorales, la civilisation des peuples qui les avaient précédés. Aux habits de peaux de bête succédèrent les robes de lin et de pourpre ; on renversa les cabanes de roseaux ou les tentes faites avec la laine des chameaux, et l'on éleva à leur place des édifices de pierre et de marbre, au milieu desquels on construisit pour les rois les demeures les plus somptueuses de l'Asie. La Perse, malheureusement, s'efféminua sous l'influence de mœurs trop raffinées ; elle ne sut plus vaincre. Persépolis fut brûlée par Alexandre, et la Perse fut asservie. Du vaste empire de Darius, il ne resta plus que quelques satrapies échues à un général macédonien. Opprimés, mais préoccupés de la pensée de leur affranchissement, les Perses n'avaient plus ces loisirs à la faveur desquels une nation suit l'impulsion de son génie créateur. Passant d'un maître à l'autre, obligée de se défendre en cherchant à reprendre sur les Romains les limites de son ancien territoire, la Perse, sous les princes sassanides, ne put consacrer aux arts que d'impuissants efforts. De pauvres édifices, qui n'avaient rien de la grandeur ni de l'élégance des admirables monuments achéménides, s'élevèrent à Firouzabad, à Sarbistân ou à Châpour. Comme le prouvent quelques sculptures d'une facture barbare trouvées à Châpour, à Nakch-i-Roustâm, comme à Tâgh-i-Bostân ou à Darâbghard, ces conceptions grossières étaient l'expression de la vanité des princes qui régnaient alors sur la Perse, plutôt que le produit d'un art qui n'y était plus cultivé et d'une science qui avait été oubliée.

La vie antique avait fait place à une vie nouvelle ; les divinités du paganisme étaient renversées ; mais, refoulée au fond de l'Asie, l'idolâtrie y étendait encore ses superstitions. Le feu sacré n'avait point cessé de brûler sur les autels de la Perse. Mahomet voyait grossir de plus en plus l'armée de ses disciples, recourant au glaive pour réussir là où le martyre et la foi des chrétiens persécutés n'avaient pu faire que quelques rares et timides prosélytes ; les Arabes envahirent la Perse. Leur invasion fut le dernier coup porté aux mœurs, au génie, aux idées que les Perses tenaient de leurs ancêtres ; ce fut aussi l'introduction parmi eux d'un art nouveau, d'un état social tout différent, auxquels la religion qui leur était inspirée devait nécessairement donner un caractère et une forme qui ne rappelaient aucunement les splendeurs jadis épanouies dans les palais ou les temples de Persépolis. La superstition des conquérants iconoclastes devait briser les sculptures, dont les reliefs illustraient les rochers, *œuvres du démon*, réprouvées par les disciples du Prophète. Mais si la Perse ancienne avait transmis à la postérité la renommée de ses édifices royaux ou religieux, avec leur ordonnance magistrale, son époque mahométane et le règne des Sophis nous la montrent atteignant aux extrêmes limites de la fantaisie et de la variété dans les arts, de l'élégance et de la richesse dans l'industrie. Mosquées, palais, bazars, caravansérails, ponts, armes, peintures, étoffes de toute sorte, bijoux, orfèvrerie, émaux, tout prend un développement extraordinaire, revêt les formes les plus séduisantes et se plie gracieusement à tous les caprices d'ouvriers aussi habiles qu'ingénieux. A côté des arts de toute espèce florissaient également les lettres : la poésie, si chère aux Persans, inspirait alors à Saadi, à Hafiz, leurs vers philosophiques ou épicuriens ; Ferdoucy écrivait son immortel *Châh-Nâmèh*, ou *Livre des Rois* ; la géographie, l'astronomie et la médecine eurent aussi leurs docteurs fameux, et la célébrité de Nasser-ed-Din, d'Abd ibn-Cina ou Avicenne, répandue dans toute l'Asie, pénètre jusqu'en Europe. L'islamisme ouvrit donc à la Perse une ère vraiment nouvelle. C'est du moment où le dogme de Mahomet triomphe en Perse que le génie national y grandit, s'élève, prend mille formes, se façonne à tous les arts, et règne sur l'Asie entière. Cette phase dans l'histoire de l'art persan est sans contredit la plus éclatante. Quelques mots suffiront pour en préciser le caractère, pour rappeler quels monuments en consacrent la splendeur.

Entre les restes des palais achéménides à Persépolis et les magnifiques mosquées des Sophis à Ispahan, il n'y a place en Perse pour aucun monument digne d'attention ; car on ne peut tenir compte des vestiges sassanides, d'ailleurs très-rares et empreints d'une mesquinerie ou d'une grossièreté qui n'attestent que trop clairement la décadence ou plutôt l'absence de l'art. Il n'y a donc, à vrai dire, point de transition entre la pompe dont les colonnades de Persépolis conservent le souvenir et la somptuosité toute différente, toute récente, qui rehausse avec tant d'éclat les monuments du siècle de Châh-Abbas. On reste confondu en examinant ces œuvres de deux âges que sépare une période de plus de quinze cents ans. On ne comprend pas comment l'art des Perses, débutant par la noble et fière architecture de Persépolis, a pu, quinze ou dix-huit siècles plus tard, faire surgir tout à coup, d'un seul jet, les belles mosquées émaillées de Sultânyèh et d'Ispahan. Dans notre Europe, les variations d'un siècle à l'autre sont presque insensibles, les créations de l'art y forment une chaîne que l'on peut suivre d'anneau en anneau, sans interruption ; depuis les temples de style grec jusqu'aux édifices qui s'élèvent de nos jours, l'origine de l'art n'a cessé de s'y faire sentir ; elle se retrouve partout ; modifiée souvent, elle n'a jamais été effacée. En Perse, au contraire, on pourrait croire qu'un premier peuple, antique possesseur du sol, avait créé les monuments persépolitains ; puis que, dépossédé ou anéanti, il a fait place à un peuple nouveau qui est venu avec son génie exotique, avec ses arts, et les a répandus sur le sol conquis, sans égard pour ce qui était antérieur. Cet intervalle immense entre les monuments de Persépolis et ceux d'Ispahan, cette solution de continuité dans l'existence artistique de la Perse, sont une preuve du degré d'affaissement où était tombée la nation à la mort de Darius. Elle semble être restée engourdie jusqu'à ce qu'une foi nouvelle, une religion que le fanatisme rendait vivifiante, fût venue l'électriser et la retremper. Alors il ne fut plus question du passé ; la Perse mahométane eut horreur de la Perse ignicole, et les monuments d'origine guèbre, respectés comme l'œuvre remarquable des ancêtres, n'en furent pas moins honnis comme types exécrés d'une civilisation éteinte qui s'était appuyée sur un culte abominable. Il fallut tout changer. Tout souvenir des temps antérieurs fut répudié, et à une religion nouvelle il fallut des temples nouveaux. Si les Persans étaient demeurés dans un engourdissement prolongé pendant les siècles qui précédèrent l'islamisme, leur caractère, leur esprit inventif n'avaient point été perdus. Au réveil que détermina l'avénement d'un culte nouveau toutes les qualités propres à la nation se firent jour, mais elles furent appliquées à une civilisation que le temps avait modifiée ; elles transportèrent sur ce nouveau terrain le goût, l'adresse, ce luxe de formes et de détails qui ont, à toutes les époques de leur histoire, caractérisé les œuvres des Perses. Alors s'élevèrent comme par enchantement les brillantes mosquées aux coupoles émaillées ; alors ces hardis et sveltes minarets s'élancèrent dans le ciel pour y porter le plus haut possible les louanges de Dieu et de son prophète Mahomet. Les architectes qui en dressaient les plans, les ouvriers qui les revêtirent de leurs innombrables et charmantes mosaïques, furent aussi habiles que ceux qui avaient conçu et exécuté les palais des rois achéménides. Dans ces nobles mosquées la foi chiite inspira aux Persans de grandes choses, la science ouvrit ses écoles, et de ces foyers de l'intelligence sortirent, pour se répandre en Perse, des savants, des poëtes, des artistes, des artisans qui portèrent de tous côtés leurs connaissances, leur habileté et leur industrie.

Le goût du beau est presque inséparable de celui du luxe. Aussi les Persans, qui avaient commencé par élever des sanctuaires magnifiques pour s'y recueillir dans la prière, ne tardèrent-ils pas à apporter dans les habitudes de leur vie une fastueuse élégance. Il leur fallut, pour se couvrir, de riches étoffes, de fins tissus de cachemire, des brocarts d'or, des velours, des satins brochés. Ils ne purent poser le pied que sur des tapis moelleux et nuancés des plus harmonieuses couleurs. Les plats, les aiguières n'étaient plus d'un travail assez exquis pour réjouir leurs yeux devenus difficiles, et les orfévres durent s'ingénier à trouver les formes les plus élégantes, à exécuter les plus délicates ciselures. Au temps de leurs grandes conquêtes, les Perses s'étaient contentés d'une selle et d'une bride pour conduire leurs coursiers jusqu'aux rivages de l'Hellespont ; les Persans de l'époque des Sophis voulurent les couvrir de housses magnifiques ; les selles disparurent sous les broderies de toutes nuances, et les brides, surchargées d'or et de pierreries qui les dissimulaient, avaient plutôt l'air de colliers enlevés aux harems que de harnais faits pour des chevaux. Aucun art n'était négligé dans ce siècle de magnificence ; mais la peinture tenait la première place dans les prédilections des riches persans. Des tableaux historiques, des scènes de batailles, des portraits de héros, les fantaisies capricieuses d'une imagination excitée par la lecture des poëtes, attestaient chez les artistes persans une verve, une habileté dont on peut juger encore par les peintures variées qui font admirer, après plus de deux siècles, leur inaltérable fraîcheur sur les murs du Tchehel-Sutoun à Ispahan.

Tandis que les peintres embellissaient par leurs compositions les demeures des princes et des riches, des ateliers et des fabriques sortaient une quantité considérable de produits de toute sorte qui allaient se répandre dans les bazars de l'Asie. L'orfévrerie de la Perse était portée dans l'Inde, à Bagdad, à Constantinople. Les étoffes recherchées de l'Iran étaient au nombre de ces raretés précieuses que les souverains s'adressaient en présents ; les armes, de l'acier le plus fin, damasquinées d'or, étaient des objets de convoitise pour tous les hommes de guerre. L'industrie de la Perse régnait sur tous les marchés du monde. Elle donnait le ton et fournissait des types aux nations laborieuses d'un génie moins inventif. Les bazars d'Alep, de Damas, du Caire, de Stamboul, regorgeaient des produits que la Perse y envoyait par ses nombreuses caravanes. Les marchands de Venise, de Pise, de Gênes, les juifs de France, d'Espagne et d'Allemagne allaient y chercher les riches étoffes, les bijoux et la vaisselle précieuse qu'ils rapportaient en Europe pour les vendre au poids de l'or. Alors commencèrent à se propager dans les pays latins les habits somptueux. Jusque-là simples, les vêtements étaient en gros drap ou de serge. Quand on connut les étoffes de Perse, les tissus grossiers de l'Occident furent laissés aux pauvres. On ne s'habilla plus qu'avec les brocarts et les satins, ou les velours venus de l'Orient. Longtemps la Perse satisfit à toutes les fantaisies luxueuses de l'Asie et de l'Europe qui étaient ses tributaires ; mais, avec la vogue de ces beaux produits de tout genre, se développa le goût des artistes et des industriels d'Occident. Le commerce et l'industrie marchèrent de front. On résolut d'exporter et de faire payer à l'étranger ce qu'on allait, à grands frais, lui acheter. Une rivalité préjudiciable aux intérêts de l'Asie ne tarda pas à se produire. Alors se dressèrent sur tous les points de l'Europe des métiers, s'élevèrent des fabriques où se tramèrent des tissus de soie et d'or, où se façonnèrent des toiles à ramages et des brocarts qui ne le cédèrent bientôt plus à ceux de la Perse. L'Europe enleva à l'Asie le monopole qui pendant longtemps avait imposé au luxe toujours croissant des Occidentaux un tribut onéreux. La Perse était vaincue, mais il lui restait l'honneur d'avoir été la première à forger les armes qui venaient se tourner contre elle.

Les produits persans importés en Occident y avaient donc formé d'habiles ouvriers. On sait comment la Perse, successivement devenue l'esclave de ses voisins ou l'héroïque conquérante de l'Inde, en était venue à user ses forces dans les discordes civiles et les guerres d'usurpation. Toutes ces causes devaient infailliblement porter des coups funestes à son industrie, à ses arts, en un mot à tout ce qui avait fait sa gloire. Pendant que ce malheureux pays se consumait en querelles intestines, en révolutions, l'Europe travaillait, ses métiers se multipliaient, sa marine parcourait les mers, faisait échelle dans tous les ports de l'Orient pour y introduire les produits calqués sur ceux de l'Asie, exécutés en vue de satisfaire à ses besoins. Cette concurrence commença par établir un antagonisme dans lequel la Perse, luttant d'abord avec courage, finit par avoir le dessous, et elle vit son industrie ruinée peu à peu. Le fanatisme religieux avait repoussé d'abord, mais faiblement, les productions chrétiennes, et des fabriques où les traditions se conservaient avaient essayé d'opposer une digue au débordement des marchandises que les navires européens répandaient de plusieurs côtés.

Déjà c'en était fait de la Perse. Le maître était surpassé par l'élève, surtout en activité et en fécondité ; le maître dut fléchir ; aujourd'hui il courbe la tête et regarde tristement les instruments inactifs de son art jadis si brillant ; il voit avec douleur l'araignée tisser sa toile sur ses métiers immobiles. Cependant, au milieu de ces ruines industrielles, parmi les débris d'une civilisation jadis florissante à laquelle nous devons tant de nobles modèles, l'esprit national est resté le même ; il se débat contre ses oppresseurs, il gémit du joug qui lui est imposé et reste fidèle à son passé. De mœurs élégantes et distinguées, la société persane aime toujours les arts et les lettres. Son industrie languissante se meurt d'inanition, mais sa vitalité subsiste. On voit encore à Kachan, à Yezd, à Kerman, à Meched, à Chiras, des ateliers dans lesquels se conservent les procédés nationaux. On y tisse encore des étoffes de soie, des cachemires, on y fabrique des armes, des tapis. A Ispahan, les peintres, les orfévres savent toujours les secrets de leur art, qu'ils pratiquent avec amour. Tout ce qui tient à l'intelligence, à l'esprit, au goût, résiste et vivra longtemps. Mais ce qu'on ne voit plus se produire, ce qui ne se fait plus dans le temps présent, c'est ce que des masses d'or peuvent seules payer. Ainsi on n'élève plus de mosquées comme celles de Châh-Abbas et de Châh-Housséin; les princes n'ont plus les moyens de bâtir des palais comme ceux du Tchar-bagh d'Ispahan. La Perse aujourd'hui est pauvre, humiliée; tout y dépérit; comme les arts, les monuments tombent pierre à pierre, sans qu'on les restaure, sans qu'il s'en élève de nouveaux pour les remplacer. La civilisation de l'Iràn a fait sa renommée, et celle-ci lui a créé des envieux devenus des rivaux qui, après l'avoir imitée, lui font payer bien cher la gloire de les avoir formés. De déchéance en déchéance, la Perse en est arrivée à végéter dans l'apathie; elle ne peut plus se suffire à elle-même, elle a besoin des autres.

Ce serait une noble tâche pour le gouvernement actuel de l'Iràn de se servir des instincts encore persistants parmi la nation, pour lutter contre cette apathie, et pour ramener le pays à une situation meilleure par une intelligente exploitation de ses ressources matérielles et intellectuelles. Pour nous, c'est au point de vue de l'intérêt français que nous avons surtout à envisager la situation de la Perse. Les Anglais sont presque les seuls qui fournissent aux populations persanes tout ce dont elles ont besoin. En attendant que la Perse en vienne à se passer des secours de l'industrie étrangère, il serait à propos sans doute pour la France d'avoir aussi accès dans ce pays. Elle y trouverait un débouché facile à une grande partie de ses productions. Ses toiles peintes, ses draps, ses mousselines, ses étoffes de laine ou de soie, ses porcelaines, ses verreries et ses glaces, son orfévrerie, son horlogerie y auraient un grand débit, y trouveraient sûrement des acheteurs empressés. Cependant la France, en 1840, n'avait pas un seul comptoir en Perse. Dans tout le cours de notre séjour ou de nos voyages dans ce pays, nous n'avons pas rencontré un seul négociant français. La France est routinière, elle va aujourd'hui où elle allait hier; elle ne cherche pas de débouchés nouveaux; elle recule devant l'inconnu, les difficultés l'effrayent; nous ne sommes pas une nation de pionniers. Il faut que de plus téméraires nous frayent le chemin, et nous ne réfléchissons pas que le but où conduit ce chemin sera occupé quand nous nous risquerons à y marcher à notre tour sur les pas de nos devanciers. Et pourtant qu'est-ce donc que le voyage de Perse? une vingtaine de jours de caravane à partir de Trébizonde jusqu'à Tabriz, qui sert d'entrepôt à tout ce royaume; point de difficultés, une route sûre, un transport peu coûteux, une vente certaine et lucrative. La France pourrait aisément prétendre à partager avec l'Angleterre les gros bénéfices que celle-ci prélève seule, et ce serait peut-être, dans l'avenir, un contre-poids utile à l'influence qui pèse si lourdement sur les destinées de ce malheureux pays.

PORT DE SINOPE

UNE RUE DE SINOPE

(Mer Noire)

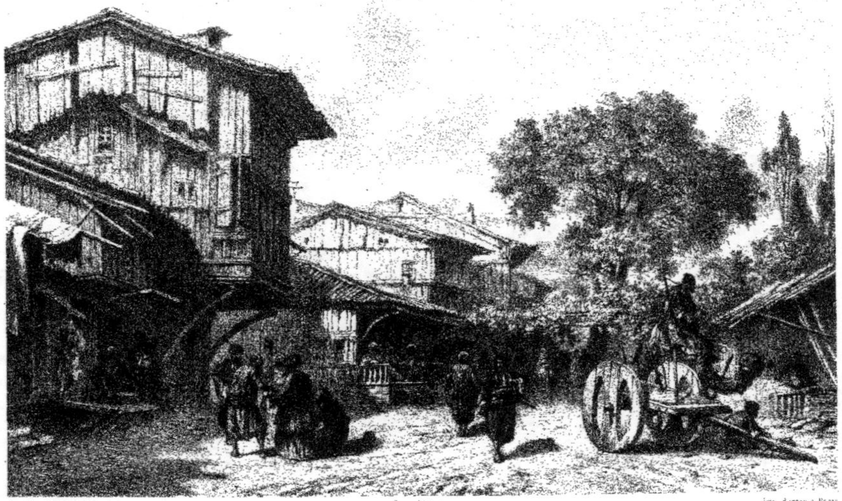

UNE RUE DE SINOPE
(Mer Noire)

Eug. Lambert pinx.   Gide éditeur.   Imp. Bertauts Paris

UNE RUE DE SINOPE
(Mer Noire)

VIEUX CHÂTEAU DE LA VILLE DE TRÉBIZONDE
Mer Noire

PLAGE DE TREBIZONDE.
Mer Noire.

INTÉRIEUR D'UN COUVENT GREC
à Trébizonde.

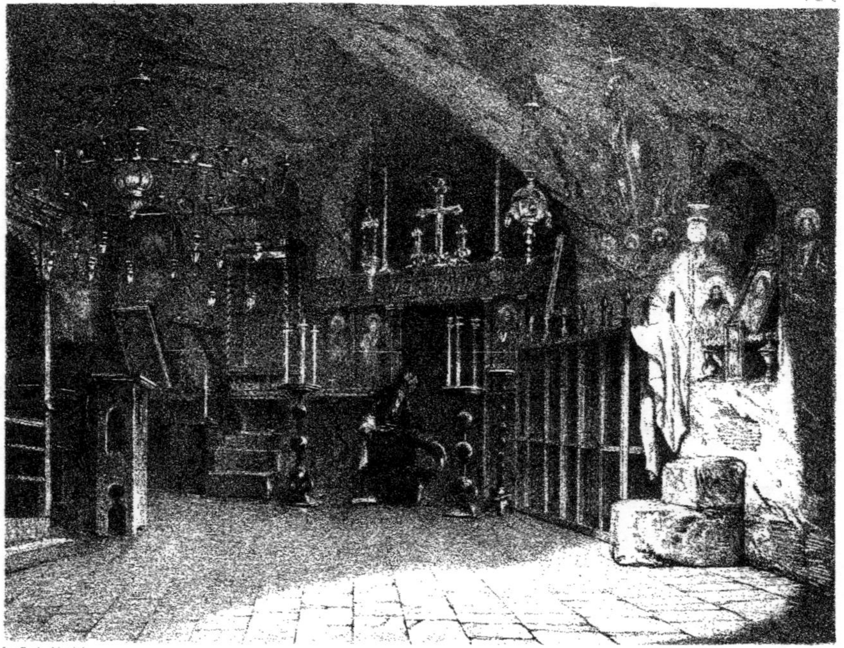

CHAPELLE GRECQUE À TRÉBISONDE

Eug. Flandin del. et lith.　　　L. Lemer éditeur　　　Imp. Bertauts, Paris

INTÉRIEUR D'UN COUVENT GREC.
à Trébizonde.

PLACE ET MOSQUÉE SKANDER PACHA
À Trébizonde

PONT DE DJELFA.

KHAN OU HALTE DE DJEVIZLIK.
Pachalik de Trébizonde

VILLAGE DE MIRKEL PRÓ.

Pachalik de Trébizonde.

Eug. Flandin del. et lith.

L. Guérin, éditeur

Imp. Bertauts, Paris.

VILLAGE DE ZINGANA

Arménie.

BIVOUAC DE GUMUSHKHÂNÈH.
Arménie.

VILLAGE DE KHATYP
Arménie

Eug. Flandin del et lith.

Greux s. l'acier.

Imp. Bertauts Paris.

VUE DE BAÏBOURT.

Arménie.

VUE D'ERZROUM.
Arménie.

Eug. Flandin del. et lith.

Gérin, éditeur.

Imp. d'Auguste, Paris.

VUE PRISE À ERZROUM.
Arménie.

Eug. Flandin del. et lith.

Guérin éditeur.

Imp. Gerlach Paris

COUR DU SÉRAIL DU PACHA D'ERZROUM
Arménie

VUE D'ERZROUM.
Arménie

Eug. Flandin del. et lith.

Guérin éditeur.

Imp. Bernard, Paris.

VUE DE BAYAZID

Arménie.

VUE PRISE À BAYAZ'D
Arménie.

Eug. Flandin del. et lith.

Guérin éditeur.

Imp. Bertauts, Paris.

PALAIS DU PACHA À BAYAZID.
Arménie.

PALAIS DU PASHA DE BAYAZID.
Arménie

Eug. Flandin del. et lith.

Guérin éditeur.

Imp. Bertauts, Paris

VUE DE TABRIZ.
(Perse.)

PONT DE MANÉ.
(Perse.)

MOSQUÉE À ZENGUIÂN.
(Perse)

Eug. Flandin del. et lith   Guérin, éditeur   Imp. Bertauts, Paris

UN INTÉRIEUR À ZENGLIÂN
(Perse.)

Imp. Bernard & Frère
Guérin éditeur
Imp. Bernard & Frère

VUE GÉNÉRALE DE KAZBIN
(Perse)

VUE PRISE À KAZERUN.

Perse.

Eug. Flandin del. et lith.
Imp. Bertauts à Paris
VUE PRISE À KAZBIN
Perse.

VUE DE TÉHÉRAN
Perse

INTÉRIEUR DE BAIN A TÉHÉRAN
Perse.

VUE DE KHOÛM.
Perse.

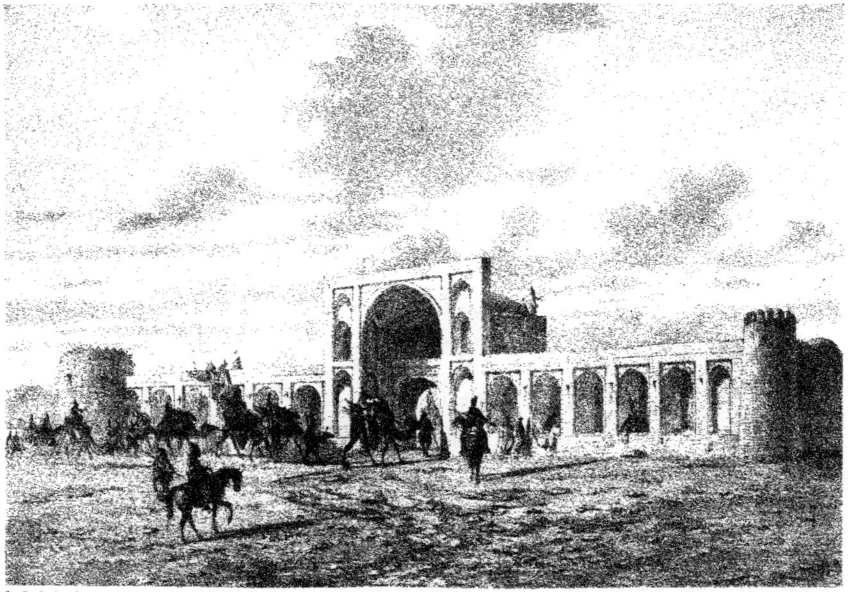

CARAVANSERAI DE NASSR ABAD
Route d'Ispahan

VILLAGE DE KHOUROUD, ROUTE DE THÉRAN A ISPAHAN

(Perse)

CAMP DU CHÂH, À ISPAHAN.

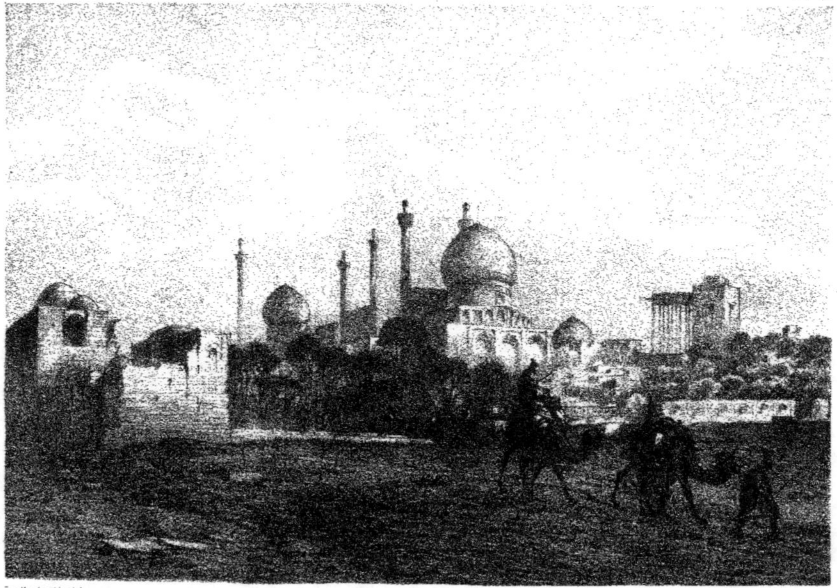

Eug Flandin del et lith.

Guérin éditeur.

Imp. Bertauts, Paris.

VUE PRISE À ISPAHAN.

CHEERISTAN PRÈS D'ISPAHAN.

Aug. Flandin del. et lith. — Guérin, éditeur. — Imp. Bertauls, Paris.

BAIN À KACHÂN.
(Perse.)

ÉGLISE ARMÉNIENNE
À ISPAHAN.

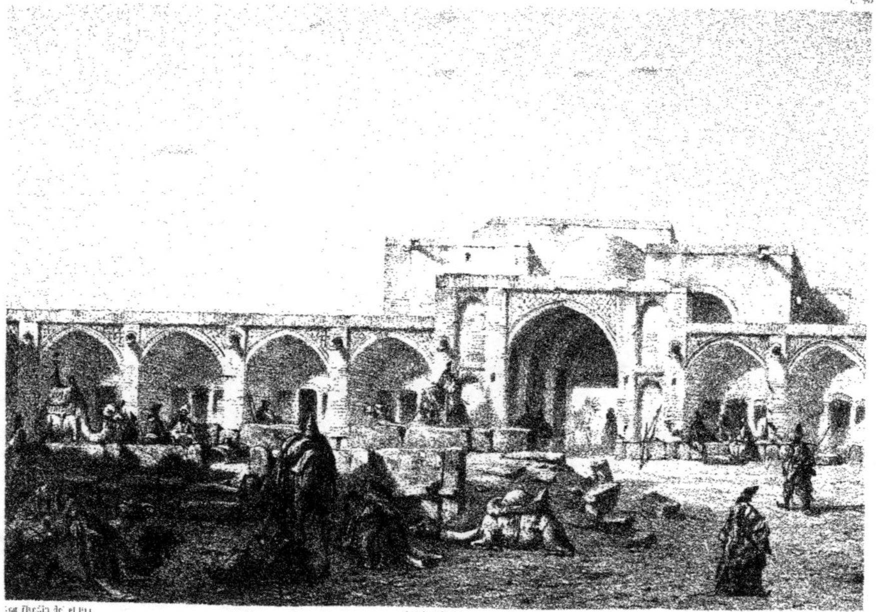

UN CARAVANSÉRAIL

Sur la Route d'Ispahan à Chiraz

RUINES D'UN TEMPLE ANTIQUE À KINGAVAR
(Perse)

À PERSÉPOLIS.

À PERSÉPOLIS

VILLAGE DE KUMAHIDGE
Sud de la Perse

Etg. Flandin del et lith

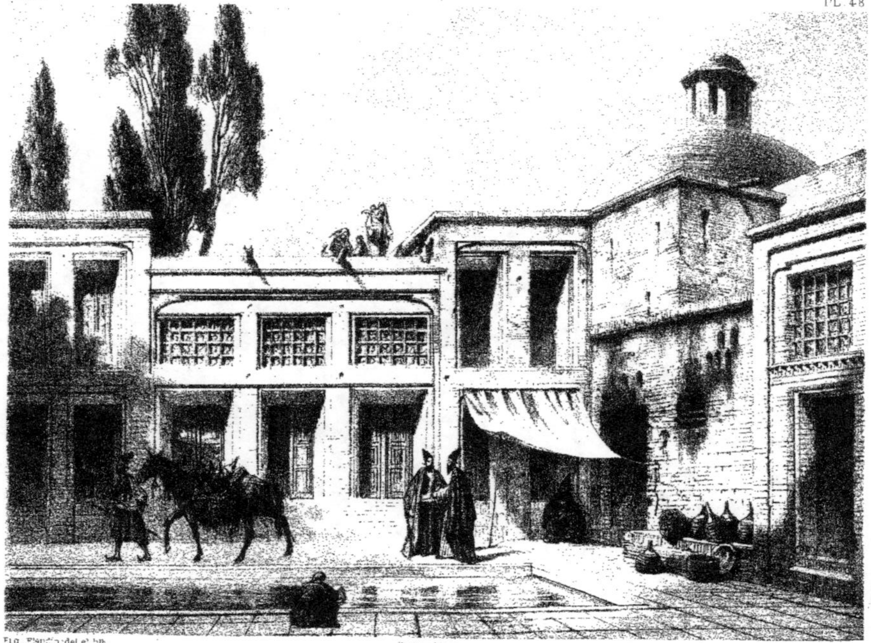

Guérin éditeur

Im. Bertauts à Paris

UNE MAISON CHRÉTIENNE
à Chiras

Aug. Raudin del et lit.	Guér réd.teur	Imp. Bertauts Paris

VUE DE CHIRAZ
Perse

Luc Flandin del. et lith.

Guérin Loitour

Imp Bertauts, Paris

TOMBEAU DE DANIEL.

Perse

9 782329 775807